Staats- und sozialwissenschaftliche Forschungen

herausgegeben

von

Gustav Schmoller und **Max Sering.**

Heft 136.

Dr. Dimitrie B. Ionescu, Die Agrarverfassung Rumäniens, ihre Geschichte und ihre Reform.

Leipzig,
Verlag von Duncker & Humblot.
1909.

Die

Agrarverfassung Rumäniens,

ihre Geschichte und ihre Reform.

Von

Dr. Dimitrie B. Ionescu.

Leipzig,
Verlag von Duncker & Humblot.
1909.

Vorwort.

Die vorliegende Arbeit, deren erster Teil als Berliner Dissertation im Sommer des Jahres 1908 erschienen ist, will einen Überblick der rumänischen Agrargeschichte und Agrarpolitik geben, die heutigen Agrarzustände und ihre Wirkungen für das wirtschaftliche, kulturelle, soziale Leben des Landes schildern, die agrarischen Reformen und Aufgaben der Gegenwart zur Darstellung bringen.

Die Agrarfrage ist die Grundfrage für die Existenz, den Fortschritt und die Machtstellung des rumänischen Volkes. Dadurch aber, daß die Eigenart der Rasse, die geschichtliche Kontinuität und Tradition und die geographische Lage an den Toren des Orients dem rumänischen Volke als trennende Brücke zwischen Germanentum und Slaventum eine wichtige politische Mission gegeben hat, gewinnt die Agrarfrage in Rumänien eine über das wirtschaftswissenschaftliche und nationale Interesse weit hinausgehende Bedeutung.

Es ist zu hoffen, daß die junge Generation Rumäniens, angeregt durch die kulturellen und sozialen Strömungen des Auslandes, ihren Pflichten nachkommen, und die um die Mitte des vorigen Jahrhunderts begonnene Regenerierungsarbeit der Nation fortführen wird.

Der Verfasser.

Inhaltsverzeichnis.

Berichtigungen.

Seite 17 Anmerk. 1 Z. 2 statt **1787** lies: Seite **287.**
„ 26 „ 1 Z. 2 statt **P. S.** Radian lies: **S. P.** Radian.
„ 28 „ 1 Z. 1 statt „jude tului“ lies: „judetului“.
„ 29 „ 3 Z. 1 statt „Bucur.“ lies: „Bucuresti“.
„ 35 „ 1 Z. 2 statt „Jossi“ lies: „Jassi“.
„ 50 Z. 17 v. o. statt „heutige“ lies: „frühere“.
„ 50 Anmerk. 4 statt „Bidicescu“ lies: „Bibicescu“.
„ 56 „ 1 statt „camerei“ lies: „Camerei“.
„ 58 „ 2 Z. 1 statt „**P. S.**“ Radianu lies: „**S. P.**“ Radianu.
„ 59 „ 1 dasselbe.
„ 71 „ 2 dasselbe.
„ 91 Z. 16 und 17 füge in die leer gebliebene Stelle ein: „zwei Reihen von Holzbrettern, deren Zwischenraum mit Lehm gefüllt war,“
„ 105 Anmerk. Z. 1 die Worte müssen lauten: „Camerei de Comerciu din Botosani“.
„ 114: Die beiden ersten Zeilen des ersten Absatzes müssen lauten: „Nach einem Gesetz vom Winter des Jahres 1909 müssen der Staat und die juristischen Personen ihre Güter“ usw.

I. Einleitung.

Die soziale Verfassung Rumäniens zur Zeit der Bauernbefreiung.

Das bei weitem bedeutungsvollste Ereignis der neueren rumänischen Agrargeschichte ist die Bauernbefreiung, die im Jahre 1864 durch einen Staatsstreich vollzogen wurde.

Damals befanden sich die Donaufürstentümer noch unter türkischer Souveränität. Die Bevölkerung des Landes belief sich auf 3 900 000 Einwohner, die fast ausschließlich auf dem Lande lebten. Die bäuerliche Bevölkerung schied sich in zwei Hauptklassen: freie und unfreie Bauern. Die erste Klasse, Raseschi in der Moldau und Moschneni in der Walachei genannt, zählte 107 000 Familienhäupter, die meist in Gebirgsgegenden zerstreut waren, wo sie bedeutende Allmendnutzungen in Wald und Weide besaßen. Ihre Hauptbeschäftigung war Viehzucht, Obstkultur, Fabrikation von Pflaumenschnaps, Käse usw. Über ihr Privateigentum durften sie frei verfügen.

Die unfreien Bauern, etwa 400 000 Familienhäupter, waren nach ihrer Gespannfähigkeit in drei Klassen geteilt. Zur ersten Klasse gehörten diejenigen, welche vier Stück Zugvieh und mehr besaßen, zur zweiten die mit zwei Stück Zugvieh und zur dritten die Nichtspannfähigen. Für sie alle bestand gleichmäßig das gutsherrlich-bäuerliche Verhältnis, das auf der Pacht beruhte. Der Gutsherr, vom Gesetz „Gutseigentümer" genannt, konnte das ganze Dorf verkaufen, ohne seine Bauern darum befragen zu brauchen. Der Bauer, „ein Mieter auf seinem Boden", konnte aus seiner Stelle versetzt werden, was in der Walachei auch oft praktisch vorkam; seine Stelle konnte, brauchte aber nicht an seine Söhne vererbt zu werden. Die „böswilligen" Bauern konnte der Herr ausweisen; ebenso mußte der Bauer fortziehen, wenn der Herr kein Land für ihn hatte. Nach halbjähriger Kündigung und nach Erfüllung gewisser Bedingungen (Steuerzahlung) konnte zwar auch der Bauer fortziehen, wohin er wollte. So war es im Organischen Reglement von 1830 bestimmt worden, von dem noch weiterhin die Rede sein wird. Doch waren die Bedingungen des Abzugs so schwer, daß für den Bauer die Freizügigkeit tatsächlich nicht bestand. Der Bauer hatte das Recht, von dem Walde des Gutes Holz für seine häuslichen Zwecke zu entnehmen; in der Moldau bedurfte es besonderer Vereinbarungen über dieses Nutzungsrecht mit dem Gutsherrn. Für die Benutzung der Rodungen hatte der Bauer mit dem Gutsherrn überall Abmachungen zu treffen oder ihm Frondienste (Moldau) oder den Zehnten (Walachei) zu leisten. Von seinen Weingärten, ebenfalls Rodungen, mußte der Bauer einen Zehnten (Moldau) oder einen Zwanzigsten (Walachei) des Weines dem Gutsherrn abtreten. Wenn er wegzog, verblieben die Rodungen, Weingärten und sein Haus in den allermeisten Fällen mit oder ohne Entschädigung dem Gutsherrn. Nur der Gutsherr hatte das Recht, Mühlen zu betreiben oder Getränke zu verkaufen. Das Getränkeverkaufsmonopol war in der Moldau ausschließlich in den Händen der Gutsherren. Von dem gemahlenen Mehl hatte der Bauer dem Gutsherrn den Zehnten zu leisten.

Die in der älteren Gesetzgebung ausgesprochene Verpflichtung des Gutsherrn, der Dorfgemeinde bis zu zwei Drittel des Bodens abzutreten, war nur eine polizeiliche Maßregel des Staates. Das Haus- und Gartenland war abgabefreies Eigentum des Bauern. Das nach dem Gesetz zu überweisende Ackerland war sehr knapp bemessen, besonders in der Walachei, so daß der Bauer kaum davon leben konnte. Für die Benutzung dieses Landes hatte der Bauer als Entgelt oder Pacht in der Moldau etwa 72 Tage, in der Walachei etwa 56 Tage Fronarbeit im Jahre und den Zehnten vom Getreide, den Fünften vom Heu dem Gutsherrn zu leisten. Falls der Gutsherr die Fronarbeit der Bauern nicht brauchte, konnte er dafür Entschädigung in Geld verlangen oder die Bauern auf seinen anderen Gütern verwenden. Bekam dagegen der Bauer infolge einer Vereinbarung mit dem Gutsherrn oder infolge Landmangels weniger als das gesetzlich bestimmte Land, so brauchte der Gutsherr in der Moldau nicht auf einen Teil der Fronarbeit zu verzichten. Wohl mußte er dies in der Walachei; dort hatte der Bauer freilich, wenn er auch nur Haus- und Gartenland bekam, doch noch sehr viele Handdienste zu leisten. Jeder verheiratete Mann hatte Anspruch auf Dotierung mit Land, jedoch nur, soweit es reichte.

Die Fronarbeit der Bauern wurde auf dem Eigenbetrieb der Herren verwendet.

Der Eigenbetrieb des Herrn war in der Moldau sehr entwickelt; er umfaßte ebensoviel wie das bäuerliche Land. Darin lag für den Herrn die Hauptertragsquelle. Es wurden hier von dem Gutsherrn an erster Stelle die Handdienste des Bauern begehrt; die Zahl der spannfähigen Bauern war gering. Die Gutsherren pflegten hier Maschinen und Viehinventar zu halten. Im Gebirge hatten die Gutsherren fast ihr ganzes Gut an Bauern ausgeteilt, die dafür den Pachtbetrag in Geld entrichteten. In der Walachei war dagegen der Eigenbetrieb des Herrn überall gering, die bäuerlichen Wirtschaften von 20—30 ha waren vor allem in der ganzen Donauebene sehr zahlreich neben einzelnen größeren Eigenbetrieben der Gutsherren. Da hier die „gesetzliche" Ausstattung mit Grundbesitz besonders gering war, sahen sich die Bauern gezwungen, vom Gutsherrn Land durch Vereinbarung vom „Überfluß" hinzuzupachten. Im Gebirge, wo der Eigenbetrieb der Gutsherren oft ganz unbedeutend war, leisteten sie einen Teil der Ernte, den sie auf die Tenne des Gutsherrn lieferten, und noch wenige Hand- und Spanndienste. In der Donauebene war die Naturalquote geringer; sie betrug nur ein Zehntel oder ein Achtel; dagegen wurden Spann- und Handdienste, Stückarbeiten, oft die vollständige Bewirtschaftung einer Parzelle für den Gutsherrn verlangt. Alles leistete der Bauer mit seinem Gespann und Pflug. Die Zahl der spannfähigen Bauern in der Donauebene war auch ganz bedeutend. Der Bauer hatte überdies das Getreide des Gutsherrn auf die Stapelplätze an der Donau zu befördern.

Die Erklärung dieser Rechtsverhältnisse und Zustände kann nur an der Hand der Geschichte versucht werden. Sie sind durch eine Jahrtausende lange Entwicklung unter dem Einfluss der Bodenverhältnisse, wirtschaftlicher und politischer Faktoren bestimmt worden. Dies darzustellen, ist die Aufgabe der nächsten Kapitel.

II. Die ältere Zeit.

Naturalwirtschaft und Grundherrschaft.

Die von den Römern 107—111 n. Chr. eroberte Provinz Dazien wurde mit römischen Elementen kolonisiert und romanisiert. Vor dem Sturm der germanischen Einfälle, denen die Provinz besonders ausgesetzt war, wurden die römischen Legionen zurückgezogen (272 n. Chr.). Die reichen Leute und die Beamten verließen die Provinz. Dagegen blieb die ärmliche, hauptsächlich ländliche Bevölkerung in den Gebirgen zurück, wo sie, vor den Einfällen der Barbaren durch die transilvanischen Alpen geschützt, ein friedliches Hirtendasein führte.

Erst im 4. und 5. Jahrhundert wurde sie von den Slawen erreicht, die neben ihr Wohnsitz nahmen. Von hier aus machten die Slawen Einfälle in das byzantinische Reich und breiteten sich dort ebenfalls aus. Durch ihre Niederlassung auf der Balkanhalbinsel wurde ihre Zahl am linken Donauufer kleiner, während die schlecht geschützte, aber durch Steuern und Verwaltung gedrückte römische Bevölkerung vom byzantinischen Reich zu den Barbaren floh. „So wuchs die römische Bevölkerung am linken Donauufer, mit den Erfolgen der Slawen Schritt haltend, an[1]."

Mit der Milderung des Charakters der Barbaren und dem allmählichen Aufhören ihrer Einfälle stiegen auch die Schäfer von den Karpathen immer weiter herunter; es trat eine langsame Ausbreitung eines friedlichen Volkes ein, das Raum für seine künftige Geschichte suchte. Das ganze Land besteht aus wohlentwickelten Stufenländern, welche sich durch eine Menge von Zwischenstufen allmählich vom Hochgebirge zur Ebene herabsenken und durch die Einheit eines bedeutenden Stromsystems zusammengehalten werden, und gerade diese Art der Bodenstruktur ist, wie Roscher[2] mit Recht bemerkt, für die Kultur sehr günstig.

Schon im 11. und 12. Jahrhundert bildeten sich zu beiden Seiten der Karpathen kleine Staaten, die den Ungarn bei ihrer Einwanderung Widerstand leisteten. Die Bauern führten in jener Zeit ein ganz freies Leben. Ihre Führer, vielleicht aus ihrer Mitte von ihnen gewählt, hiessen Kneas, Judece, Vataman[3]. Diese unterschieden sich von anderen Bauern dadurch, daß sie die Angelegenheiten der Gemeinde, besonders auch die Bodenzuteilung, erledigten, als Richter die Streitigkeiten schlichteten und die Naturalabgaben für die Großen, die Barbaren, einzogen. Da der Häuptling für diese Abgaben einzustehen hatte, wurde er mit der Zeit eine Art Grundherr. Die Bauern leisteten ihm drei Arbeitstage im Jahr und brachten ihm Geschenke, oder der Kneas behielt das Recht, von den Naturalabgaben an die Großen einen Teil für sich zu behalten. Außerdem hatten die Knesi allein im Dorf das Recht auf Mühle und Wirtshaus. Die Arbeitsdienste der Bauern scheinen freiwilliger Natur gewesen zu sein. Die Macht und Befugnis des Kneas, sowie auch der Kreis, auf den sich seine Macht erstreckte, hieß Judecie.

Die Knesi sind die Gründer sehr vieler Dörfer. Bei der rumänischen Bevölkerung in Siebenbürgen wurden sie von den ungarischen Königen zu Kolonisationszwecken benutzt und blieben im 13. und 14. Jahrhundert die Verwalter der Krondomänen. Ihre Haupttätigkeit aber vollzog sich in der rumänischen Heimat.

---

[1] Jorga, Geschichte des rumänischen Volkes usw. Gotha 1905. Bd. I, S. 109.

[2] Roscher, System der Volkswirtschaft. Bd. I, S. 97.

[3] Kneas (slaw.) heißt so viel wie Führer, Princeps, Judece, von judex, Richter.

Als Gründer gaben die Knesi den Dörfern ihre Namen. Die meisten rumänischen Dorfnamen haben die Endungen ani, eschti, die dem Namen des Gründers angefügt werden. Sobald das Dorf anwuchs, sandte der Kneas seine Söhne und junge Bauern zu neuen Dorfgründungen in die Nachbarschaft aus. Die Siedlungsweise in Gebirgsgegenden ist die der Reihendörfer. Von der Dorfstraße im Tal erstreckten sich die Äcker der Bauern die Hänge hinauf, daran schlossen sich Gemeinweide und Wald. In der Ebene, besonders in der Walachei, herrscht die Siedlungsweise der Haufendörfer. Der Bauer hatte an seinem Land ein ebenso gutes Besitzrecht wie der Häuptling. Das Land wurde als ein Gemeinschaftsgut angesehen; dem einzelnen standen nur Nutzungsrechte zu. An der Dorfgemarkung hatte der Kneas aber mehrere Anteile, „Jirabie", slawisch, so viel als Los. Da vorwiegend Viehzucht getrieben wurde, brauchte jeder sehr viel Land. In ältester Zeit verblieb die Scholle anscheinend dem jüngsten Sohne, desgleichen auch das Knesat, die Würde des Kneas. Ein Kneas besaß mit seinen Genossen eine ungeheure Fläche; jeder Dorfgenosse hatte 30—100 ha.

Die erwähnten kleinen Staaten sind aus der Vereinigung mehrerer Knesiaten entstanden; sie standen unter „Woewoden", Heerführern. Am Anfang des 13. Jahrhunderts finden sich solche „Woewodaten" unter der ungarischen Oberherrschaft. Viele Woewoden bekamen ihr Land von den Ungarn zu Lehen und waren jenen abgabepflichtig. Im Kampf gegen Ungarn vereinigten sich (1273) die kleinen Woewodaten der westlichen Walachei zu einem Fürstentum durch die Anerkennung eines Woewoden.

Das Lehnsverhältnis gegenüber den Ungarn blieb noch weiter bestehen. Die Moldau wurde den Tataren von einem Marmaroscher Woewoden im Jahre 1354 entrissen und von ihm mit der Einwilligung des ungarischen Königs, von dem er eigentlich das Land als Lehen bekommen hatte, in ein Fürstentum verwandelt.

Nur dies Lehnsverhältnis erklärt uns, wie gleich nach der Begründung der Staaten der Fürst ein Obereigentum über das ganze ihm unterworfene Land inne hatte. Jeder Untertan schuldete dem Fürsten den Naturalzehnten. Der Fürst galt bis in die späteste Zeit als erster Besitzer, als Ursprung und Quelle jedes abgeleiteten Besitzrechtes. Das ganze Land war eine reine und große Grundherrschaft, wie wir sie im Beginn der deutschen Agrargeschichte im Nordosten Deutschlands antreffen; ebenso wie dort ist die reine Grundherrschaft in Rumänien die Wurzel der späteren Gutsherrschaften.

Die Rechte der ansässigen Bevölkerung wurden bei der Begründung respektiert. Der Fürst nahm nur das öde Land in Anspruch; alle Ansiedlungen, die darauf unter den Augen der Obrigkeit gemacht wurden, waren „fürstliche Dörfer“. Manche von seinen Dörfern schenkte der Fürst den Bojaren, Kriegsmännern, oder denjenigen, die neue Dörfer gründeten. Die Schenkung wurde nicht für einen einzigen Bojaren, sondern für das ganze Geschlecht bestimmt. Fast alle Schenkungsurkunden betreffen aber schon besiedeltes Land, sie sprechen von satum, Ansiedlung. Oft schenkte der Fürst die Grundherrschaft ohne die Bauern oder mit wenigen Bauern. Fast alle Schenkungsurkunden sind bei genauer Betrachtung Bestätigungsurkunden. Man bestätigte dem Kneas seine Rechte; er wurde damit Dorf- und Grundherr und blieb weiter Richter und Verwalter des Dorfes. Von den Bauern zog er den Naturalzehnten ein; davon und aus seinen eigenen Produkten hatte er dem Fürsten auch einen Naturalzehnten zu entrichten. Auch hier ist die Entstehung des Adels mehr eine politisch-administrative als eine soziale Tatsache. Es herrschte volle Naturalwirtschaft; auch die Strafen und Beamtengehälter waren in Naturalien zu entrichten. Der Fürst verfügte über Hab und Gut und über die Arbeitskraft seiner Untertanen.

Während viele der früheren Knesi nach der Begründung der Staaten in die Klasse der Bojaren aufstiegen, sanken andere zu freien Bauern herab. Durch die Entstehung der Staaten mit der Übertragung von Funktionen des Kneas auf den Fürsten und mit der Ableitung seiner Rechte von der Fürstengewalt, mit der Inanspruchnahme des ganzen Staatsterritoriums durch den Fürsten wurde das Dorf, die Judecie des Kneas, vererblich und unter seine Nachfolger geteilt[1].

Die ursprünglichen Anteile hießen „Batran“, von veteranus, rumänisch Alter, oder „Frate“, Bruder, oder „Mosch“, Ahne. Die Batrani waren geographisch abgegrenzte Teile, ähnlich den Geschlechtsgemarkungen in Norddeutschland[2]; darin lagen die Landstücke der Hörigen. Die Benennung Batran erhielt sich trotz der späteren Teilung, so dass man sagen konnte, „man läuft auf zwei oder drei Batrani,“ d. h. man hat zwei oder drei Anteile. Zu jedem Batran gehörte außer der Anteilsberechtigung an der Dorfflur noch eine solche an Wald und Wasser. Der Anteilberechtigte an einem Batran hieß in der Moldau Resesch, vom ungarischen Resz, Anteil, in der Walachei Moschnean oder auch Kneas und Judece. Unter diesen Namen versteht man später die freien Bauern[1]. Alle Anteilsberechtigten an der ursprünglichen Dorf-

---

[1] R. Rosetti, Pámântul, sátenii si stapânii in Moldova. (Der Boden, die Bauern und die Grundherren in der Moldau.) Bucuresti 1906. S. 133 ff.

[2] Vgl. Sering, Erbrecht und Agrarverfassung in Schleswig-Holstein. Berlin 1908. S. 259.

gemarkung nannten sich Brüder und waren Blutsverwandte. Um eine Urkunde zu bekommen, erscheinen alle vor dem Richter; die Urkunde wurde dem Ältesten des Stammes ausgehändigt. Bei dem Verkauf des Gutsanteils hatten die Verwandten ein Vorkaufsrecht. Der Verkäufer behielt das Recht, es wieder zu kaufen. Der Fremde konnte Land nur erwerben, wenn er in der Gemeinschaft aufgenommen, „verbrüdert" wurde oder wenn er einheiratete. Oft taten sich mehrere zusammen, um Land brüderlich zu erwerben. Später verkaufen sie sich den Bojaren in Gruppen. Für das Vergehen eines einzigen konnte das ganze Dorf bestraft werden. Im Dorfe waren die Anteile aller von einer einzigen Grenze umschlossen; die individuellen Anteile waren zuerst nicht genau abgegrenzt. Erst später, als man vollkommenere Häuser baute, Zäune anlegte, Verbesserungen aller Art vornahm, wurde der Anteil eines jeden am Wasser, am Wald, am Teiche abgesondert und in dauernden Besitz verwandelt. Durch die Vereinigung mehrerer Batrani entstanden unter Umständen später größere Dörfer. „Grundsätzliche Verschiedenheit herrscht zwischen den rumänischen Verhältnissen, die, wie die dabei verwendeten Worte andeuten, bis in die vorslawische Zeit zurückreichen, und den serbischen und russischen." Dort ist es möglich, alles auf die ursprüngliche „Demokratie", auf das Leben unter der Regierung des Familienvaters zurückzuführen, während hier sich alles aus dem ewigen Besitzrechte des Ahnherrn ergibt. Das soll heißen: bei den Serben und Russen ist der eigentliche Sitz des gesellschaftlichen Daseins die Großfamilie, bei den Rumänen die Einzelfamilie, die jedoch mit den Verwandten zu größeren Geschlechtsverbänden zusammengeschlossen ist.

Die Existenz der unfreien Bauern läßt sich urkundlich erst seit Ende des 15. und im 16. Jahrhundert nachweisen. Sie waren damals Hörige der Grundherren und freien Bauern; sie hatten nur den Zehnten von den Produkten des Ackers und mäßige Hand- und Spanndienste zu leisten. In der Walachei hießen sie Rumani, in der Moldau Vecini. Ihr Ursprung ist nicht näher bekannt. Er ist wohl in folgender Weise aufzufassen [1]:

Der Erbe des Kneas erfüllte dieselben Funktionen über seine Genossen im Batran wie früher der Kneas über das ganze Dorf, wenn auch in abgeschwächter Form. Er blieb Richter und Steuereinzieher seiner Leute, die ihm herkömmlicherweise Zehnten und Arbeitsdienste leisteten. Der direkte Erbe des Kneas wurde mit der Zeit ein kleiner Grundherr, und die Bauern auf seinem Batran wurden seine Hörigen. Die

---

[1] Vgl. hierzu R. Rosetti, Op. cit. S. 107 ff. und 259 ff.

fortschreitende Teilung des Batrans hatte die Verschlechterung der Lage des freien Bauern und seiner Hörigen zur Folge. Es lag im beiderseitigen Interesse, wenn diese fortzogen und ihre Anteile am Batran dem freien Bauern überließen. Die Bojaren waren eben bestrebt, ihre Grundherrschaften auszudehnen und Bauern anzusetzen. Schon im Mittelalter hatten die Knesi eine kolonisatorische Tätigkeit entfaltet. Der Name Rumani für unfreie Bauern in der Walachei beweist, daß diese aus den von Slawen im 5.—6. Jahrhundert gefangenen Balkanromanen herstammen, die von den slawischen Knesi mit Land dotiert worden sind[1]. Ganz besonders entfalteten aber der moldausche Adel und die Fürsten eine kolonisatorische Tätigkeit. Sie waren bestrebt, Menschen von außen ins Land zu ziehen, weshalb manche Schriftsteller meinen, daß der Name Vecin für unfreie Bauern in der Moldau von vicinus, Nachbar, abstammt. Vicin ist aber der allgemeine Name für Dorfgenossen. Die Ansässigmachung von Fremden, meistens Slawen, auf Herrengütern läßt sich bis in die späteste Zeit verfolgen. Die fürstliche Kolonisation scheint in der Moldau, die bei der Begründung des Fürstentums sehr wenig bevölkert war, mit der Hilfe der Knesi und Judeci und Vatamani, die jetzt nicht mehr unabhängig Dörfer gründen konnten, erfolgt zu sein. Judeci und Vatamani heißen im 16. und 17. Jahrhundert in der Moldau die Verwalter der fürstlichen und grundherrlichen Dörfer sowie die Knesi in Siebenbürgen. In der Walachei, wo die Entwicklung eine ältere und langsamere ist, scheint die Kolonisation des Landes durch die Auszweigung der Dörfer der Knesi und Judeci vor sich gegangen zu sein; die letzteren Namen erhalten sich länger und bedeuten freie Bauern.

Zwischen den sozialen Klassen bestand im 13., 14. und 15. Jahrhundert kein scharfer Unterschied. Die Bojaren zahlten außer dem Zehnten keine Steuern, während die freien Bauern eine Repartitionssteuer zahlten. Die Bojaren und Freien dienten im Kriege als Reiter oder Ritter, die Unfreien als Fußvolk.

Die Länder waren in beständigem Kampf mit den Nachbarn, den Polen, Ungarn, Tataren. Ende des 14. Jahrhunderts machten die Türken ihre Macht an der Donau geltend. Bei der Unmöglichkeit des Widerstandes unterwarfen sich die Länder den Türken freiwillig. Sie verpflichteten sich, den Türken jährlich einen Tribut zu zahlen; sonst aber behielten sie ihre innere Freiheit.

Das mißliche System der Thronfolge, wonach alle Mitglieder der regierenden Familie das Recht hatten, zum Throne zu kandidieren, brachte die Ohnmacht der Fürsten im 15. und

[1] Vgl. S. 3.

16. Jahrhundert und ihre Abhängigkeit von der Bojarenklasse mit sich, zwang sie, diesen Landschenkungen zu machen, und gab Fremden Gelegenheit, sich in die inneren Verhältnisse der Länder einzumischen. Die Türken erlangten bald die bestimmende Rolle bei der Wahl der Fürsten. Der Tribut stieg in der Walachei von 3000 Dukaten am Anfang des 15. auf 40 000 Dukaten Mitte des 16. Jahrhunderts, in der Moldau von 3000 Dukaten am Anfang des 16. auf 60 000 Dukaten am Ende des 16. Jahrhunderts. Die Fürsten suchten sich zu bereichern, um wieder zum Throne zu gelangen. Daher wurden die Steuerlasten hochgeschraubt, die noch dazu in sehr grausamer Weise erhoben wurden. Die Kriege hörten nach Anerkennung der türkischen Oberherrschaft keineswegs auf, im Gegenteil, sie wurden schrecklicher, so mit den Türken selbst, mit den Ungarn, Polen, Tataren. Die Herrschaft der Türken wurde immer unerträglicher; heldenmütige Fürsten suchten das Joch abzuwerfen. Die Moldau erhob sich zuerst 1575, die Walachei danach 1590; nach schweren und langen Kämpfen wurden sie definitiv unterdrückt. Jeder Widerstand blieb seitdem ergebnislos. Unter diesen Umständen litt am meisten der freie Bauernstand, der im Krieg den schweren Reiterdienst zu leisten hatte und die Steuern aufbrachte. — Inzwischen drängten aber andere mächtige Faktoren auf eine Änderung der Agrar-, überhaupt der sozialen Verfassung der Fürstentümer hin. Das geschah vornehmlich durch die Ausbreitung der Geldwirtschaft.

III. Die neue Zeit.

Geldwirtschaft und Gutsherrschaft. 1600—1800.

Die nach der Entdeckung Amerikas in Westeuropa vordringende Geldwirtschaft und das durch sie verursachte Sinken des Geldwertes macht sich auch in Rumänien seit Mitte des 16. Jahrhunderts geltend. Ihre Folgen sind hier dieselben wie überall. Die Fürsten sehen ein, daß sie durch den Geldbesitz von der Bojarenklasse unabhängiger werden und mit Geld schneller energische Leute zum Kriege werben können. Es entstehen auch hier Ende des 16. und Anfang des 17. Jahrhunderts Söldnerheere. Die Fürsten gehen zu den Geldsteuern über, die aber für den kleinen Mann schwerer aufzubringen sind. Durch die Änderung der Kriegsverfassung bessert sich auf der anderen Seite die Lage der kleinen Leute, die früher dem Staate einen großen Teil ihrer Arbeitskraft zur Verfügung stellen mußten und dadurch in der Vervollkommnung ihrer eigenen Wirtschaft gehindert wurden. Am meisten wird die Bojarenklasse durch die Änderung der Kriegsverfassung betroffen. Ihre politische Bedeutung wird durch die fürstliche und türkische Gewalt eingeschränkt, sie verliert bei der Wahl der Fürsten ihren Einfluß. Nach Erschöpfung der Zahl der fürstlichen Dörfer belohnen die Fürsten die getreuen Bojaren durch Zuweisungen von Ämtern, die aus der Staatskasse bezahlt werden.

Den Bojaren bietet sich jetzt die Gelegenheit, durch Produktion und Absatz im großen reich zu werden. Auch die Großbauern, wo sie vorhanden sind, wie in dem Kimpolunger Bezirk, nehmen daran erfolgreich teil.

Schon um die Mitte des 16. Jahrhunderts wird von einem französischen Gesandten in Polen, Blaise de Vigenère, berichtet, daß die Moldau „tous les ans en fort grande quantité en Pologne, Prusse, Silesie" usw. Großvieh ausführt, darunter Pferde „excellents et de grande haleine" [1]. Anfang des 17. Jahrhunderts ist ein Kaufmann, Batiste Veleli, der Großvieh bis nach Danzig ausführte, der einflußreichste Mann in den beiden Fürstentümern [2]. Ende des 17. und Anfang des 18. Jahrhunderts spricht man von einem Kaufmannsstand von Armeniern und Griechen, die jährlich 40000 ansehnliche und schöne Ochsen durch Polen und Danzig treiben, wo sie zehnmal besser bezahlt werden als in der Moldau. „Es ist eine so große Menge von solchen Ochsen vorhanden, daß sie nicht nur zur Unterhaltung des Lebens für die Einwohner hinreichen, sondern daß diese davon die schwersten Abgaben, welche die Fürsten von ihnen zu fordern pflegen, zu zahlen imstande sind [2]." Hauptsächlich wird aber mit den Türken und mit der Levante Handel getrieben. Die Fürstentümer bildeten einen Teil des Zollgebietes des türkischen Reiches. Die Türken, auf ihre Macht gestützt, machen sich die Reichtümer dieser Länder nutzbar. Soliman Magnificus verbietet Mitte des 16. Jahrhunderts die Ausfuhr aus der Moldau nach Polen und Ungarn. „Die Moldau und die Walachei mußten alles für die kaiserliche Hauptstadt und das Heer irgendwie Nötige liefern, weil man in Konstantinopel dies als eine heilige Pflicht der Vasallenstaaten betrachtete; Schafe, Ochsen, Pferde, Holz, Honig, Wachs, Korn, Hafer, Mehl und Fahrzeuge, kurz alles erdenkliche Kriegsmaterial wurde in großen Mengen zur festgesetzten Frist nach Bender, Ackermann oder Belgrad geschickt. Mit der Einforderung dieser Dinge waren privilegierte Kaufleute, Griechen, Armenier, Juden, Türken beauftragt, die einen Befehl der türkischen Regierung vorzeigten [3]."

Es ist nicht unmöglich, daß jene privilegierten Kaufleute das Getreide und die Landesprodukte bis nach West- und

---

[1] N. Xenopol, Histoire des Roumains. Paris 1898. Bd. II, S. 242.

[2] N. Jorga, Geschichte des rumänischen Volkes. Gotha 1905. Bd. II, S. 80 ff.

[3] D. Cantemir, Beschreibung der Moldau. Deutsche Übersetzung. Frankfurt 1771. S. 94—95.

Südwesteuropa transportierten, wo der Merkantilismus die Getreideeinfuhr begünstigte.

Von den europäischen Mächten wurden die Türken zu Kriegen herausgefordert. Unter den Polenkriegen, den Kriegen mit Österreich und dann den lang andauernden russischen Kriegen hatten die Fürstentümer schwer zu leiden. Der Verfall der türkischen Macht drückte schwerer als ihr Aufsteigen. Durch den Frieden von Karlowitz 1698 verloren die Türken die reichen Länder Siebenbürgen und Ungarn; der türkische Einfluß in Ägypten wurde immer schwächer; die Donaufürstentümer blieben die wichtigsten Getreideländer. Während die Türken in früheren Zeiten Kornlieferungen nur für den Krieg verlangten, wurden jetzt solche sogar mitten im Frieden beansprucht. Der Fürst der Walachei hatte im 18. Jahrhundert jährlich 30 000 Kila (zu 4½ hl) Weizen, die beiden Länder dazu noch 500—600 000 Schafe im Jahre nach den Donauhäfen zu schicken. Weizen wurde überhaupt nur für die Türken produziert, außerdem noch die anderen früher genannten Produkte. Die Kaufleute trieben die Produkte mit Härte ein. Unter ihnen zeichneten sich die „Lasen“ aus, ein Handelsvolk aus Trapezunt, „das unverschämteste Gesindel, das man sich denken kann, imstande, jede Art von Unzuträglichkeiten zu begehen“. „Die Lasen haben aus Mord und Verrat einen Ruhmestitel geschaffen“, so sagt der damalige österreichische Konsul Raicewich [1]. Die Unabhängigkeit der Fürsten existierte nicht mehr; sie wurden jetzt von den Türken ernannt und wechselten sehr oft. Fürst und Bojaren leiteten ihre Macht von den Türken ab und konnten sich nur so lange auf der Höhe erhalten, wie sie den Interessen der Türken dienten. Zu diesem Zweck bemächtigten sich die Türken geeigneter Werkzeuge, der Griechen, die vom Ende des 17. Jahrhunderts „Pachtfürsten“ wurden. Das schwerste Übel war, dass das Geld immer wieder in die Tasche der Türken floß. „Niemand kann sich hier reich nennen, weil am Ende der Rechnung alles in den Schatz der Fürsten oder ihrer Griechen fließt und von da nach Konstantinopel, von wannen es durch die Kaufleute, die Lebensmittel ankaufen, zurückgebracht wird [2].“ Die Türken sogen das Land aus. 1783 wartete man für die gemachten Lieferungen auf Zahlung von 1 182 150 Kila; das Geld sollte vom Tribut abgezogen werden, was aber regelmäßig vergessen wurde [3]. Die Umstände zwangen die Bojaren, zum Zwecke der Erzielung größerer Erträge von der Ausübung einer bloßen

---

[1] v. Raicewich, Natürliche Beschaffenheit und Verfassung der Moldau und der Walachei. Deutsche Übersetzung. Straßburg 1790. S. 89.

[2] Ibidem S. 84.

[3] N. Jorga, Geschichte des rumänischen Volkes. Gotha 1905. Bd. II, S. 149.

Grundherrschaft mehr und mehr zum Gutsbetriebe überzugehen.

Dies geschah erst durch den Ankauf von freien Bauernstellen; es gab aber noch andere und einfachere Wege. Ein einziges Mißjahr genügte, um ein Dorf außerstand zu setzen, die Steuern zu zahlen. In diesem Falle wurde das Dorf entweder für fürstlich erklärt, oder es fiel demjenigen zu, der die Steuern dafür aufgebracht hatte. Die Bauern machten Anleihen unter der Bedingung, daß sie im Falle der Unmöglichkeit der Rückzahlung Hörige des Gläubigers würden. Durch den Selbstverkauf erlangten sie eine Erleichterung der Steuerlast, für welche der Herr haftete, und eine Entlastung von der Verpflichtung, in den Krieg zu ziehen und militärische Dienste zu leisten. Der Selbstverkauf geschah der Regel nach zugleich mit dem Verkauf ihres Landes und ihrer Hörigen, ebenso das Loskaufen zusammen mit dem Rückkauf des Landes. Die Aufsaugung des freien Bauernstandes durch die Grundherrschaft begann gegen Mitte des 16. und dauerte bis ins 19. Jahrhundert hinein, wobei keineswegs nur ehrliche Mittel angewendet wurden. Durch die Sitte der Realteilung verarmten viele Bauern, aber auch viele Bojaren sanken dadurch zu Bauern herab, die ihrerseits ein paar Hörige hatten. Auf diese Weise entstand anfangs des 18. Jahrhunderts eine neue Klasse von freien Bauern, die „Masili". So nannte man ursprünglich die vom Amte abgesetzten und „auf das Land" geschickten Bojaren.

Durch die Folgen jener Umstände: Ohnmacht der Fürsten, Geldwirtschaft, neue Kriegsverfassung, verschlechterte sich auch die Lage der unfreien Bauern. Da für die Bojaren das Menschenmaterial, über welches sie verfügten, wertvoller wurde, suchten sie sich dessen zu versichern und setzten die Aufhebung der Freizügigkeit der unfreien Bauern, die in kritischen Zeiten massenhaft flohen, durch. Dies geschah im Jahre 1600 in der Walachei.

Da aber Land noch in Fülle vorhanden war, suchten die Bojaren auf ihren Gütern neue Bauernstellen zu schaffen. Die Fürsten begünstigten diese Bewegung durch Steuerbefreiungen. Tatsächlich bestand aber das Verbot des Abzugs früher, wie es zur Zeit auch in der Moldau bestand, wo es von oben nicht dekretiert worden ist. Die meisten Kolonisten waren Inländer aus dem Kreise der freien und unfreien Bauern.

Wie Urkunden aus der Mitte des 17. Jahrhunderts zeigen, verkauften sich freie Bauern öfters nur persönlich mit „dem Kopf", oder sie verkauften nur die Schollen, während sie selbst freiblieben [1].

---

[1] Urkunden bei Xenopol. Domnia lui Cuza Voda Bd. II, Kap. Istoricul Chestiunei rurale, S. 420 ff. Jasi 1899.

Andere Urkunden zeigen, daß Bojaren ihre Hörigen befreiten, daß aber diese Befreiungen bloß für die Person des Bauern ohne Land erfolgten. Manche unfreie Bauern kauften sich bloß persönlich ohne Land los, andere unfreie flohen heimlich. Fast alle diese Leute, die befreit wurden oder sich persönlich frei gemacht hatten oder fliehend umherirrten, konnten, da sich der Handel in den Händen erfahrener Handelsvölker befand, nichts anderes anfangen, als wieder in der Landwirtschaft tätig zu werden. Gegen Ende des 17. Jahrhunderts finden wir Fälle, wo die Bauern, von Herren als Unfreie reklamiert, sich dagegen mit der Behauptung wehrten, „daß sie bloß im Dorfe sitzen, aber keine Unfreien sind".

Die Bauern, die in Herrendörfern angesiedelt wurden, blieben zuerst freie Pächter. Die Vereinbarung kam für ein paar Jahre zustande. Sie hießen in der Moldau „Plugari", Pflüger, in der Walachei „Laturaschi", Menschen, die am Rand, an den Grenzen des Dorfes sitzen, also wörtlich so viel wie „Brinksitzer". Diese Leute, die vollständig von den Grundherren abhängig wurden, mußten mit der Zeit in Erbuntertänigkeit herabsinken. Schon Ende des 17. Jahrhunderts hieß es in der Moldau: wer zwölf Jahre im Dorfe weilt, bleibt Vicin [1] (Unfreier).

Bis hierher sehen wir eine große Ähnlichkeit mit der Agrarentwicklung des östlichen Deutschland. Hier und dort bringen die Änderungen der Kriegsverfassung und die Geldwirtschaft dieselben Folgen hervor: „Die persönlichen Rechtsverhältnisse des Bauern werden schlechter, er wird an das Herrschaftsgebiet gebunden, solange er einen Hof hat, „dinglich untertänig" [2]. Den Zusammenhang mit dem Staate verliert die Bauernschaft dadurch, daß sich der Staat wegen der Steuerzahlung an den Grundherrn hält.

Die Teilung des Landes der unfreien Bauern im Dorf verursachte eine Verengung der Lebensverhältnisse und eine Beeinträchtigung der Ertragsquelle der Herren, des Zehnten. Es enstand daher für die Herren die Notwendigkeit, Bauern freizulassen, wenn sie mehr hatten, als zur Bestellung ihres eigenen Besitzes notwendig war. Dies war meistens der Fall bei den freien Bauern und kleinen Grundherren. Oder es ergab sich die Notwendigkeit neuer Bodenzuteilungen, die kollektiv [3] an die Dorfgemeinde als solche erfolgten.

---

[1] N. Costin, Letopisetele (Urkundenbücher). Tarei Moldovei Bd. 2, S. 42.

[2] Fuchs, im Wörterbuch der Volkswirtschaft. 2. Aufl. Art. Bauer. Bd. I, S. 332.

[3] N. Jorga, Studii si documente Bd. VII, S. 112, und K. Grünberg, Bauernbefreiung in der Bukowina, in Schmollers Jahrbuch 1898, S. 265 ff.

Die Gemeinde nahm dann die Unterverteilung vor. Diese Notwendigkeit sowie jener Selbstverkauf ohne Land entspringen dem individualistischen Charakter des Landbaues und dem Bedürfnis, die Arbeit und den Boden in ein richtiges Verhältnis zu setzen, Mißverhältnisse auszugleichen. Es ist möglich, daß bei den kollektiven und periodischen Landzuteilungen auch fiskalische Gesichtspunkte mitgespielt haben; wir finden sie in einer Zeit, wo die unfreien Bauern auch direkte Steuern zahlten, was für frühere Zeiten sich nicht nachweisen läßt. Vom Anfang des 18. Jahrhunderts wird nur von „Bodenzuteilungen“ berichtet, ohne daß das Rechtsverhältnis deutlich wäre. Das Land, das der Bauer bekam, war jedoch erblich. An den kollektiven Bodenzuteilungen, die mit der Zeit öfter stattfanden, beteiligten sich auch die Kolonisten, die mit der alteingesessenen Bevölkerung in verwandtschaftliche Beziehungen traten, gleichfalls vom Herrn abhingen und ihm den Zehnten leisteten. So näherten einander Rechte und Pflichten der beiden Bevölkerungsteile.

Als aber der Zehnte der Bauern nicht mehr reichte, die Bedürfnisse der prunksüchtigen Bojaren und die Unersättlichkeit der Türken zu befriedigen, gingen die Grundherren zum Eigenbetrieb über. Ein Eigenbetrieb der Bojaren hatte immer existiert, nur war er unbedeutend und demzufolge waren die Fronlasten der Bauern gering. Erst Ende des 17. Jahrhunderts finden sich für die verschiedenen Dörfer vereinzelte Anordnungen der Fürsten an die Bauern, ihren Herren drei oder mehrere Tage im Jahre zu fronden. Das Bewußtsein der Bojaren, die Ansässigmachung der Bauern auf ihren Herrschaften — oft würde man besser sagen: auf dem Gemeindeland — erleichtert zu haben, führte sie zu der Idee, daß alle Bauern von ihnen mit Land dotiert worden seien, sie sahen daher in den Bauern nichts als Pächter, die ihren Besitz von ihnen ableiteten, und in den Natural- und Dienstleistungen der Bauern nur ein Äquivalent für das vergebene Land. Sie fingen daher im 17. Jahrhundert an, die bäuerliche Arbeitskraft mehr in Anspruch zu nehmen, und trieben damit auch Mißbrauch. Während früher nur ein Mann von jeder bäuerlichen Familie zur Arbeit berufen wurde, verpflichteten sie jetzt alle Familienmitglieder zur Fronarbeit. Die Arbeitskraft der Bauern wurde somit sehr begehrt; und da die Bauern keine Freizügigkeit besaßen, wurden sie bald durch Mißbrauch als Leibeigene verkauft, oder als Mitgift mitgegeben, oder gegen Zigeuner, die wirkliche Leibeigene waren, vertauscht.

Während sich so die Tendenz, die Bauern zu entrechten, in beiden Ländern gleichzeitig geltendmachte, gestalteten sich die beiderseitigen Agrarverhältnisse ziemlich verschieden.

In dieser Periode, vom Ende des 17. bis Ende des 18. Jahrhundert, hatte die Moldau viel mehr zu leisten gehabt als die Walachei. Sie lag den Donau- und Meerhäfen, Ismail, Kilia, Ackerman, wohin die Produkte transportiert wurden, viel näher, war die Verbindungsstraße zwischen Polen und der Levante und für den Handel[1] mit der letzteren besser geeignet. Schon im 14. und 15. Jahrhundert waren in der Moldau zahlreiche Märkte und Städte von den Siebenbürger Sachsen gegründet worden, nämlich an den Orten, wo diese durch die Karpathenpässe die Polen—Levante-Straße erreichten. Das Stadtrecht blieb ein deutsches und hat sich über alle Städte der beiden Länder bis nach Bessarabien ausgedehnt[2]. Viele Kaufleute hatten sich in den Häfen niedergelassen. Ende des 18. Jahrhunderts war die Moldau voll von kleinen türkischen Kapitalisten, die hier bis in die entlegensten Orte vordrangen, Geld gegen hohe Zinsen oder gegen künftige Lieferungen anboten[3] und damit das Vordringen der Geldwirtschaft früher ermöglichten. Dabei hatte die Moldau bessere Produkte[4] und war deshalb von den Türken bevorzugt. Ende des 17. Jahrhunderts hatten die Tataren im südlichen Bessarabien festen Sitz genommen, von wo aus sie Raubzüge unternahmen und die Vermehrung der Bevölkerung des östlichen Teiles des Landes verhinderten. Auch hatte die Moldau unter den Russen- und Polenkriegen schwerer zu leiden. Die Türken hatten im Osten Festungen angelegt; so in Kilia, Ackerman, Ismail, Kameniek und Hotin, wo türkische Paschas mit militärischen Besatzungen lagen. Allen hatte die Moldau schlecht bezahlte Lieferungen zu leisten[5], was für die größere und reicher bevölkerte Walachei größtenteils wegfiel. Diese politischen Verhältnisse und die Geldwirtschaft brachten für die Moldau die Notwendigkeit mit sich, im Verhältnis zur Walachei mehr Produkte zu erzeugen; dem entsprach aber nicht eine Vermehrung der Bevölkerung; ja, die Bevölkerung ist gegenüber der des 15. und 16. Jahrhunderts hier kleiner geworden. Die Vermehrung der Produkte geschah durch die Vergrößerung des Areals des kultivierten Landes, durch die größere Inanspruchnahme der Arbeitskraft der Bauern und durch die Organisation eines ausgedehnteren Eigenbetriebes seitens der Grundherren. In dieser Beziehung ähnelt die Moldau Norddeutschland, wo sich „vorwiegend Küstenland, geeignet zur Schiffahrt und Handel mit seinen nach dem Meere

---

[1] Siehe v. Raicewich op. cit. S. 89—90.
[2] N. Jorga, Geschichte des rumänischen Volkes. Bd. I, S. 158 ff.
[3] Raicewich S. 92.
[4] De Peyssonnel, Traité sur le commerce de la Mer Noire. Paris 1787. Bd. II, S. 197 u. 203 ff.
[5] Jorga op. cit. Bd. II, S. 90.

führenden schiffbaren Flüssen", findet[1]. Bei dem gänzlichen Verfall der politischen Unabhängigkeit der Moldau in dieser Zeit blieb den Bojaren nichts anderes übrig, als Landwirte zu werden[2].

Das Bewußtsein der Bauern, ein Anrecht anf ihr Land zu haben, der Umstand, daß sie nicht gewohnt waren, so viel zu arbeiten, wie jetzt verlangt wurde, dazu noch der harte Steuerdruck brachten sie zur Verzweiflung; sie flohen entweder ins Gebirge, in die Wälder, über die Donau oder beklagten sich in Massen beim Fürsten. Der Fürst Constantin Maurocordat wollte Reformen vornehmen, die Bojaren widersetzten sich. Die Angst vor der Wut der Türken, für den Fall, daß die Länder ihren Verpflichtungen nicht mehr nachzukommen imstande wären, brachte die Bojaren aber zum Schweigen. Der Fürst, die Landesbojaren und der hohe Klerus faßten im Januar 1745 folgenden Beschluß: sie erklärten, daß die Vicini (Unfreien) keine Leibeigenen (Robi) wären und nicht ohne Scholle verkauft werden dürften, denn der Vicin wäre ein freier „Dorfbewohner", nur hätte er kein Land und dürfte das Dorf ohne Wissen des Herrn nicht verlassen.

Dann verpflichten sie die Bauern, den Zehnten und 24 Arbeitstage im Jahre den Herren zu leisten. Damit begann in der Moldau die „Urbarialregulierung". Durch diesen Beschluß wurden die Bauern rechtlich enteignet, sie blieben Pächter und Erbuntertänige. Die Verschmelzung der ehemals unfreien Bauern, die an die Scholle gebunden waren, mit den Kolonisten, die ursprünglich zwar Freizügigkeit, aber kein Anrecht auf Land besaßen, wurde hiermit vollzogen. Die Kolonisten verloren die Freizügigkeit, die Bauern ihr Besitzrecht. Die Verschmelzung jener zwei Kategorien von Bauern in eine wurde durch das Erbteilungssystem, die kollektiven Bodenzuteilungen, den geringen Bodenwert und seine leichte Urbarmachung im Gebirge und in der ganzen Moldau erleichtert.

Die Walachei hatte nicht so günstige Absatzbedingungen wie die Moldau; ihre Produkte wurden auf der Donau zum Meere und nach den Donauhäfen auf dem allein schiffbaren Mündungsarm Kilia[3] befördert. Die Walachei, wenn auch größer und besser bevölkert, hatte nicht so viele Lasten zu tragen oder trug sie leichter. Wie Süddeutschland, reicher bevölkert und mit älterer Kultur, die schweren Schäden des Dreißigjährigen Krieges rascher als der Nordosten überwunden hat, ebenso hat die Walachei die schwere Zeit der großen

[1] Fuchs, im Wörterbuch der Volkswirtschaft. 2. Aufl. 1907. S. 332.

[2] Von 927 grundherrlichen Dörfern befanden sich 713 an der Moldau, 470 in Händen von 28 Bojarenfamilien.

[3] Durch Versenkung alter Schiffe usw. hatten die Russen diesen Arm Ende des 18. Jahrhunderts zur Schiffahrt unbrauchbar gemacht.

Kriege des 17. und 18. Jahrhunderts leichter überstanden. Es fehlte hier den Bojaren der Drang und die Not, den Eigenbetrieb auszudehnen. Seit längerer Zeit der türkischen Herrschaft unterworfen, vom korrumpierenden Orient dauernd beeinflußt, war der walachische Bojarenstand sittlich verweichlicht. Sehr treffend sagt ein französischer Historiker[1]: „Les Boyards valaques montrent plus de retenue ou plus de raffinement"; während „chez les boyards moldaves l'oppression marche à découvert et sans pudeur."

In die wirtschaftlichen Verhältnisse auf dem Lande haben die walachischen Bojaren weniger eingegriffen. Nur Ende des 16. und im Laufe des 17. Jahrhunderts, als die freien Bauern sich in großer Menge verkauften, haben die Bojaren sie massenhaft angekauft, und später, Ende des 18. Jahrhunderts, als die bäuerlichen Besitzungen sich zu sehr zerstückelt hatten, gaben sie den Bauern mehr Land, für das sie den Zehnten leisteten. Fast alle Bojaren wohnten in der Hauptstadt. Seit alters her war die Macht der Parteien größer als die Stabilität der Fürsten. Aus Standesgefühlen scheuten sich die Bojaren, so wie die Landesherren in Südwestdeutschland, Landwirte zu werden.

Die Vermehrung der Bevölkerung ermöglichte den Bojaren, bei dem Überfluß an Land in den breiten Tälern der Flüsse und in der Donauebene mehr Land von den Bauern bebauen zu lassen. Dafür wurden diesen durch Vereinbarung Naturalien, oft mehr als der Zehnte, auferlegt. Die hörigen Bauern, hier meist Nachkömmlinge der freien Bauern, besaßen einen starken Unabhängigkeitssinn und pflegten viel Land zu kultivieren. Hier bildete sich die Grundherrschaft annähernd wie in Nordwestdeutschland in dem Sinne aus, daß neben dem Eigenbetrieb der Herren große bäuerliche Wirtschaften entstanden. Schlimm wirkte jedoch der Steuerdruck, der die Bauern oft zur Flucht veranlaßte. Der oben erwähnte Fürst Constantin Maurocordat versuchte auch hier eine Agrarreform. Die Bojaren faßten in der Landesversammlung 1746 den folgenden Beschluß: „Die Güter sollen unseren Herrschaften bleiben, um sie, wie früher, weiter zu besitzen; was aber die ‚Köpfe' der Bauern betrifft, so kann derjenige von uns, der ihnen eine Wohltat erweisen will, sie befreien. Wenn die Bauern wegziehen wollen, sollen sie dem Herrn 10 Taler zahlen, um sich loszukaufen, gleichviel, ob der Herr will oder nicht; und wenn dieser sich widersetzt, sollen sie ihn anklagen." Daraus sieht man, daß der Bauer hier ebenso Pächter wie in der Moldau, aber bedeutend freier war. Man empfahl die Befreiung der Bauern, um sie zu ent-

---

[1] E. Regnault, Histoire politique et sociale des principautés danubiennes. Paris 1855. 1787. — Conte de Hauterive, Discours sur l'ancien Etat social de la Moldavie. Herausgegeben von der rumän. Akademie 1902. S. 176.

eignen. Wenn der Bauer Pächter wurde, konnten die Herren von ihm größere Naturalleistungen verlangen. Obwohl nun das folgende Urbarialgesetz des Fürsten Ypsilante 1775 die Bauern im allgemeinen verpflichtete, nach wie vor dem Herrn zwölf Arbeitstage im Jahr zu leisten und, falls dieser keine Fronarbeit brauchte, ihn in Geld zu entschädigen, versäumte es doch nicht, von „freien Vereinbarungen" zu sprechen. Es war zulässig, weniger Dienste zu fordern und die Naturalleistung frei festzusetzen. Da aber der Überfluß an Land und die Freizügigkeit — wenn auch gegen Entschädigung — nicht selten dahin wirkte, daß die Bojaren den Bauern gegenüber sich in leichten Vereinbarungen überboten, sah sich der Fürst Caragea im Jahre 1818 veranlaßt, in das Urbarialgesetz die Bestimmung einzufügen, daß keine Vereinbarung auf weniger als auf zwölf Tage zustande kommen dürfe, auf mehrere Tage aber nur dann, wenn der Herr dem „Erbpächter" mehr Land gab. Man bestrafte den „Eigentümer", der die Bauern eines anderen durch leichtere Vereinbarungen an sich zu ziehen suchte. Je größer die Abhängigkeit des Bauern vom Herrn war, je weniger der Bauer und je mehr der Herr sein Eigen nannte, desto besser für den letzteren. Man suchte den Bauern nicht nur des Landes zu berauben, sondern ihn auch in allen seinen Rechten zu beeinträchtigen.

Die Wälder standen in der Moldau und Walachei bis ins 18. Jahrhundert den Bauern zur freien Benutzung, sie waren ja im Besitz der Dorfgemeinschaft. Allmählich verbot man aber den Bauern die freie Benutzung der Wälder für die Mästung der Schweine und gestattete sie ihnen nur nach Vereinbarung. Die Büsche und Haine wurden vom Ende des 18. Jahrhunderts „geschützt von den Herren der Wälder". Falls die Bauern Holz zu Handelszwecken brauchten, mußten sie dem Herrn den Zehnten leisten oder mit dem Herrn besondere Vereinbarungen treffen. Nur für ihren Haushalt durften die Bauern Holz vom Walde holen, in der Moldau sogar nur das gefallene Holz. Ebenso war es mit den Rodungen, die sich ursprünglich im Privatbesitz der Bauern befanden und als solche abgabefrei waren. In der Moldau wurden sie im Jahre 1792 einfach verboten. Eine Urkunde von 1804 aus der Walachei besagt: „Die Wiesengründe, Rodungen der Einwohner, gehören dem Herrn auch [1]."

1775 wurde in der Walachei den Bauern verboten, ohne die Einwilligung des Herrn auf dem Boden, den dieser brauchte, Weingärten zu bauen; und 1818 wurde der Verlust des Weingartens verfügt, der ohne die Einwilligung des Herrn

---

[1] A. V. Gádei, Contributiuni pentru istoria sociaiá a táránimei noastre. Bucuresti 1904. S. 58—79.

bepflanzt war, sowie die Weinabgabe auf ein Zwanzigstel festgesetzt.

In der Moldau hatte der Bauer einen Zehnten des Weines dem Herrn zu leisten.

Der Getränkeverkauf, der, wie die Mühlen, in den früher freien Herrendörfern noch lange in den Händen der Bauern geblieben waren, wurde in der Walachei 1775 verboten und nur mit Einwilligung der Herren zugelassen. Nur wenn der Herr nicht Wein zum Verkauf ins Dorf brachte, durften die Bauern Wein verkaufen. In der Moldau bildete sich das Monopol des Getränkeverkaufs der Gutsherren noch schärfer heraus. Es wurde in den Jahren 1766, 1776 den Bauern überhaupt verboten, Wein im Dorf zu verkaufen. Den Ertrag ihrer Weingärten durften sie nur bis Weihnachten für sich verwenden. Später konnten sie ihn nur an den Herrn im großen verkaufen. Ebenso wurde jetzt den Bauern der freie Fischfang in den Teichen und Flüssen von Herrendörfern verboten; sie wurden verpflichtet, dem Herrn einen Teil, ein Zehntel und mehr, des Fischfanges abzutreten. Die Mühlen befanden sich schon in dem ausschließlichen Besitz der Herren, für deren Benutzung die Bauern ein Zehntel des Gemahlenen abtraten.

Außerdem erlangten die Bojaren durch die ersten „Urbarien“ noch andere Privilegien. Als Gegenkonzession für die Reformen, die sie sich haben aufdringen lassen, errangen sie in beiden Fürstentümern 1745 die Abschaffung der von ihnen zu leistenden Zehntensteuer, die für die Versorgung der Türken diente. Damals entstand durch gesetzliche Anordnung eine Klasse von Bauern, „Scutelnici“, die den Bojaren ständig zu Diensten sein mußte. Die Scutelnici wurden als Haus- und Hofknechte, Pferdehirten, Förster, Zimmerleute, Maurer u. a. verwendet; dafür waren sie von Steuern befreit. Diese Bauern existierten vereinzelt auch früher. Die Ausbildung des Gutsbetriebs machte sie in größerer Zahl nötig. Sie stammten vielleicht von den Bauernsöhnen ab, die im Dorfe nicht mehr Platz fanden.

Die „Urbarien“ veranlaßten in der Moldau Unruhen: Bauern und Gutsbesitzer waren gleichmäßig mit ihnen unzufrieden.

Die Bauern beklagten sich, daß sie „mehr arbeiten, als der Nahrungsboden, den sie auf dem Herrengut haben, ihnen Nutzen bringt“. Aus einer Beschwerde der Bauern 1787 an den Fürst Callimachi ist zu ersehen, daß sich die Verschlechterung des Besitzrechtes auch zuweilen unter Zustimmung des Betroffenen vollzogen hat. Die Vermehrung der Bevölkerung, die Ausdehnung des Gutsbetriebes und die Inanspruchnahme des Bodens für den Gutsbetrieb verengten das bäuerliche Land.

M. Sutzu, Fürst der Moldau, sah sich im Jahre 1799 genötigt zu bestimmen, daß die Bezirksvorsteher den Bauern auf benachbarten Gütern Land schaffen sollten, falls das Land in ihrem Dorfe nicht reichte.

Die Bojaren waren unzufrieden, weil ihnen die Arbeitskraft der Bauern nicht genügte. Sie beklagten sich, daß die Bauern nicht „gut und willig“ ihre Pflicht täten. In einem Gesuch verlangten sie 1805 von der hohen Pforte „den Zehnten der Arbeitstage, damit wir genug für unseren Bedarf und für den Verkauf an die kaiserlichen Kaufleute erzeugen können“. Sie wollten die Fronarbeit vermehren, sie beklagten sich beim Fürsten, daß zwölf Tage Fronarbeit nur früher einen Sinn gehabt hätten, als das Land nicht bevölkert, der Boden ohne Wert und alles wohlfeil war; jetzt dagegen sei der Geldwert gesunken.

Sie erlangten schon 1766 die Vermehrung der Fronarbeit auf etwa 30 Tage im Jahre, die Verpflichtung der Bauern, bei den Reparaturen der Gutsbaulichkeiten, der Verrichtung der Mühle und der Herstellung der Flußdämme mitzuwirken, weiter die Umwandlung der Fronarbeit in Geldentschädigung und freiwillige Vereinbarungen mit den Bauern.

Die folgende „Urbarialregulierung“ des Fürsten Mozuzi im Jahre 1805 ging noch weiter, sie vermehrte die Fronarbeit auf 43 Tage im Jahre, bestimmte näher, welche Arbeiten der Bauer zu verrichten hatte, verpflichtete den Gutsherrn, den Bauern zwei Drittel des Gutes abzutreten und schreibt weiter vor, wie viel Land jedem Bauern zufallen sollte. Wegen des Überflusses an Land zwischen den Flüssen Siret und Prut wurde den dortigen Bauern jedoch viel mehr Land zuerkannt. Sie leisteten anderseits aber nur die Hälfte der Fronarbeit der Bauern zwischen Gebirge und Siret. Die „Urbarialregulierung“ kennt keine unspannfähigen Bauern; die großen Bauern wurden begünstigt, nur daß sie bei Gespannarbeiten mit bedeutenderer Bespannung, mithin mit mehr Leuten zur Arbeit zu erscheinen hatten. Bei der ausgedehnten Viehzucht der Bauern bekamen sie sehr viel Weide- und Wiesenland, das nach ihrer Spannfähigkeit bemessen wurde.

Es sollte an Weide und Wiesenland zugewiesen werden

zwischen dem Gebirge und Siret:

dem Fruntasch .	mit 6	Stück	Vieh	8,59 ha
„ Miszlocasch .	„ 4	„	„	5,72 „
„ Codasch . .	„ 2	„	„	2,86 „

zwischen Siret und Prut:

dem Fruntasch	mit 12	Stück	Gespann	17,18 ha
„ Miszlocasch	„ 8	„	„	11,45 „
„ Codasch	„ 4	„	„	5,72 „

Inzwischen traten Ereignisse ein, die auf die weitere Entwicklung bestimmenden Einfluß ausübten.

IV. Das Zeitalter des russisch-türkischen Protektorats, die Handelsfreiheit und die Bauernbefreiung.

Über das türkische Vorkaufsrecht waren die Bojaren sehr entrüstet. Auf unbewachten Schleichwegen trieben sie noch viel gewinnbringenden Handel; viel lieber hätten sie ihre Produkte an die fremden Kaufleute abgesetzt. Die landwirtschaftlichen Produkte waren Ende des 18. Jahrhunderts in Westeuropa (England, Niederlande) sehr gesucht, anderseits war der Geldwert im Sinken begriffen. Die Bojaren setzten 1745, wie schon bemerkt, die Abschaffung des althergebrachten und so verhaßten Zehnten durch. Das Wachsen des russischen Einflusses bot den Bojaren eine günstige Gelegenheit, von den Lasten der Türken loszukommen. Die Russen wollten sich der Donaufürstentümer bemächtigen, deshalb suchten sie die Bojarenklasse für sich zu gewinnen und nahmen sich ihrer Interessen an. Die Bojaren verlangten in einer Bittschrift an Rußland und Österreich im Jahre 1774, „daß alle Lieferungen abgeschafft und der Handel völlig freigegeben werde“ [1]. Die walachischen Bojaren verlangten in einer anderen Bittschrift an die Kaiserin Katharina II. nicht mehr und nicht weniger, als dass „das Land mit den anderen Provinzen, die das allmächtige Rußland beherrscht, vereinigt werde“ [1]! So sehr waren die Bojaren gegen das türkische Vorkaufsrecht aufgebracht und vom Erwerbstrieb beherrscht, daß sie alle patriotischen Pflichten vergaßen. Tatsächlich gereichte einige Zeit die türkisch-russische Rivalität den Fürstentümern zum Heil. Im Jahre 1779 wurden durch den Frieden von Kudgiuk Kainardgi die Extragaben an die Türken aufgehoben; es blieb nur der Tribut. Gleichzeitig setzten die Russen durch, daß die Fürsten nicht mehr willkürlich entfernt werden konnten. Auch erwarben die Russen das Recht, im Schwarzen Meer Handel zu treiben. Im Jahre 1802 erreichte Rußland ein Hatischerif von der Pforte, wonach die Fürsten auf sieben Jahre ernannt und ohne Zustimmung Rußlands nicht entfernt werden durften. Im Jahre 1820 wurden die griechischen Pachtfürsten beseitigt und durch nationale ersetzt. Durch den Frieden von Adrianopel vom Jahre 1829 errangen die Russen für die Fürstentümer die Abschaffung des türkischen Vorkaufsrechts und die Handelsfreiheit auf dem Schwarzen

[1] N. Jorga, Geschichte des rumänischen Volkes. Bd. II S. 169.

Meere für alle Völker. Durch diesen Frieden kamen die Fürstentümer unter das gemeinsame Protektorat des russischen und türkischen Reiches. Rußland besetzte die Fürstentümer militärisch bis 1834 und verpflichtete sich, den Ländern eine Verfassung zu geben, die den Namen „Das organische Reglement“ trug. Die Fürstentümer wurden 1830 bis 1834 von dem russischen General Kisseleff verwaltet, der Ordnung schuf und die neue Verfassung zur Ausführung brachte. Nach ihm kamen Fürsten auf Lebenszeit zur Regierung, die eifrig an der Regeneration der Nation arbeiteten, bessere Ordnung und Verwaltung einführten und für die kulturelle und wirtschaftliche Hebung der Länder durch Schulen- und Wegebau sorgten.

Die Fürstentümer blieben unter dem Regime des organischen Reglements bis zum Pariser Frieden von 1856. Danach kamen sie unter das gemeinsame Protektorat der Großmächte unter Wahrung der türkischen Souveränität. Nach dem Wunsche der Großmächte sollten sie sich selbst eine neue Verfassung geben.

Die Bojaren erlangten durch das organische Reglement eine große Vermehrung, die Bauern eine weitere Minderung ihrer Rechte. Die Bojaren blieben von jeder Steuer befreit; nur die Bauern hatten eine Kopfsteuer zu zahlen, die etwa zehn Franken betrug. Die Gutsbesitzer werden vom Gesetz „Eigentümer“, nicht mehr „Gutsherren“, wie früher, genannt. Denn die Bauern sind auf dem Boden, den sie bewohnen, und durch den sie sich ernähren, Pächter. Aber „um alle Unzufriedenheiten — bis zur Verpachtung durch freiwillige Verträge, auf die der Geist dieses Gesetzes zielt — zu vermeiden, ist es unumgänglich notwendig, die Vorteile einerseits und das Entgelt anderseits zu bestimmen“ (Art. 140 des wal. Regl.). Bis dahin „sind die Eigentümer verpflichtet, die Bauern mit Land auszustatten, diese für jene zu arbeiten“. Diese Maßregel ist also rein polizeilicher Natur[1].

Die Gutsbesitzer waren verpflichtet, den Bauern bis zu zwei Dritteln ihrer Güter abzutreten. Die Dotierung mit Land geschah wie früher nach der Spannfähigkeit, wobei der Fruntasch nicht mehr der Bauer mit mehr als zwölf oder sechs Stück Vieh war, sondern derjenige, der mehr als vier Stück Vieh hatte. Die Regulierung der gutsherrlich-bäuerlichen Verhältnisse durch das Reglement kennt auch nichtspannfähige Bauern. Gegen früher bekamen die Bauern weniger Land. Als Minimum für das Weide-, Wiesen- und Ackerland,

---

[1] Die Texte der Gesetzgebung bei Cons. Tanásescu si Stefan Grigorescu Tocmelele agricole sub diferite leguiri inainte si dupa Regulamentul organic (ländliche Verträge unter verschiedenen Gesetzen usw.). Bucuresti 1906.

welches jeder verheiratete Mann fordern konnte, wurde festgesetzt:

Bauernkategorie	Viehzahl	Landanteil (Acker, Weide, Wiese) Moldau	Walachei	
Fruntasch . . .	4	7,51 ha	4,25 ha, seit 1851	4,50 ha
Miszlocasch . . .	2	3,37 „	3,15 „ „ 1851	3,50 „
Codasch	—	3,22 „	2,06 „ „ 1851	2,31 „

Das Ackerland war für alle gleich bemessen, 2,15 ha in der Moldau und 1,60 ha in der Walachei.

Die Natur solcher Landesteilungen hatte zur Folge, daß mit der Änderung der Familienverhältnisse die Bauern von ihren Stellen oft versetzt wurden, wenn auch die Nutzung des Bodens in den allermeisten Fällen eine lebenslängliche war. Soweit das Land reichte (bis zu zwei Drittel des Gutes) war der Herr verpflichtet, jeden Bauer mit Land zu versehen. Dazu bekam jeder Bauer noch an Haus- und Gartenland 1000 bis 1500 qm, und zwar abgabenfrei, während er für das Nutzungsland Zehnten und Arbeitsfrondienste zu leisten hatte. Die Summe der Fronarbeit wurde gegen früher bedeutend vermehrt. So hatte der Bauer in der Moldau nominell zwar nur zwölf Tage im Jahre zu leisten. Aber durch die übertriebene Bemessung der an einem Tage zu leistenden Arbeiten in dem Reglement bedeutete dies tatsächlich eine Arbeitsverpflichtung, die weit über das Hergebrachte hinausging und in einzelnen Fällen 72 Tage erforderte. Dazu kamen noch vier Tage bei der Reparatur der Gutsbaulichkeiten und weitere vier Tage mit Gespann oder mit Händen. Durch das modifizierte Gesetz vom Jahre 1851 wurde die Fronarbeit, besonders der kleinen Bauern, etwas erleichtert. Die Gutsbesitzer durften nur bis zu einer bestimmten Entfernung ihre Bauern auf verschiedenen ihrer Güter arbeiten lassen und die schuldig gebliebenen Arbeiten nicht später als im nächsten Jahr verlangen oder dafür Geldentschädigungen fordern. In der Walachei hatte der Bauer nach dem Reglement tatsächlich etwa 56 Tage im Jahre zu leisten, der spannfähige mit Gespann und „Pflug", der nichtspannfähige mit den Händen. Dabei hatte der gewöhnliche Bauer noch einen Pflugtag und zwei Fuhren, der Bauer mit Doppelgespann doppelt so viel Fuhren zu leisten. Durch das modifizierte Gesetz vom Jahre 1851 wurden hier die Fronden, ähnlich wie in der Moldau, festgelegt, d. h. sehr bedeutend vermehrt, die Extrafuhren wurden aber abgeschafft.

Freie Vereinbarungen wurden zugelassen, falls die Bauern mehr Land haben wollten, oder falls der Gutsbesitzer nicht genug Land für alle Bauern hatte. In diesem Falle war aber der Gutsbesitzer in der Moldau nicht verpflichtet, auf einen Teil der Fronarbeit zu verzichten; in der Walachei wurde dem Bauern die Fronarbeit in der Weise ermäßigt, daß, falls er nur das Haus- und Gartenland bekam, er noch 12 Tage Fronde im Jahre leistete, d. h. bei dem festgesetzten Quantum Arbeit für einen Tag 30—40 Tage im Jahr.

Noch weitere Rechte wurden dem Gutsherrn durch das Reglement eingeräumt. Der Gutsherr war befugt, die „böswilligen" Bauern auszuweisen, desgleichen die Bauern, die auf den zwei Dritteln des Gutes nicht Platz fanden, und die mit weniger Land sich nicht begnügen wollten. In letzterem Falle hatte der Bauer in der Moldau das Recht, ohne Kündigung zu ziehen.

Falls der Herr ihm Land gab und der Bauer doch ziehen wollte, hatte er ein halbes Jahr vorher zu kündigen, mit dem Herrn über etwaige Schulden abzurechnen und die Steuern für ein Jahr im voraus zu zahlen. Durch das modifizierte Gesetz von 1851 ward diese letzte Bestimmung abgeschafft, und der Abzug erleichtert. In der Walachei hatte der Bauer beim Abzug, wenn dieser aus Mangel an Platz auf dem Gute geschehen sollte, ein halbes Jahr vorher zu kündigen und die Steuern für ein Jahr voraus zu bezahlen. Falls er aber das gesetzliche Land besessen, hatte er vor dem Abzug die ganze Fronarbeit für ein Jahr in Geld umgerechnet zu bezahlen, außerdem die Kopfsteuer bis zur Aufstellung einer neuen Rolle, was von fünf zu fünf Jahren geschah. Gruppenweise durften die Bauern überhaupt nicht ziehen. Diese Bestimmungen wurden auch von dem modifizierten Gesetz von 1851 in Kraft erhalten; jedoch wurde den Bauern damals erlaubt, auch gruppenweise zu ziehen.

Beim Abzug hatte der Bauer in der Moldau seine Rodungen, Obst- und Weingärten den Dorfgenossen zu verkaufen. Der Gutsherr behielt aber das Vorkaufsrecht. Das Haus konnte der Bauer mitnehmen oder dem Gutsherrn überlassen. In der Walachei blieben Rodungen und Gärten beim Abzug dem Herrn ohne Entschädigung. Nur die von dem Herrn ausgewiesenen Bauern hatten das Recht auf Entschädigung.

An Stelle der durch das Reglement abgeschafften Klasse der „Scutelnici" wurde die Dorfgemeinschaft verpflichtet, in der Moldau von 10 Familien einen Mann, und in der Walachei von 100 Familien vier Männer als Knechte zur Verfügung zu stellen. Sie blieben ein Jahr ständig — außer der Feldarbeitszeit für ihre Scholle — im Dienst des Herrn und wurden als Maurer, Förster, Pferdeknechte, Kellermeister verwendet. So wurde die bäuerliche Bevölkerung erniedrigt und enteignet.

Aus den Wäldern durften die Bauern nur Holz für häusliche Zwecke holen, und zwar in der Moldau nur nach Vereinbarung mit den „Eigentümern". Für Rodungen mußten die Bauern in der Moldau jetzt, falls sie mit dem Herrn keine Abmachungen getroffen hatten, die erforderliche Fronarbeit leisten. In der Walachei leisteten sie, wo die Güter „eng“ sind, dem Herrn von Rodungen den Zehnten. Die Abgaben von ihren (der Bauern) Weingärten wurden aufrechterhalten. Mühlen, Dämme, Brennereien, Eisenschmieden, Getränkeverkauf wurden als ein „an das Eigentum gebundenes Recht“ betrachtet. In der Moldau war nach dem Gesetz von 1851 dem Bauer sogar verboten, Getränke von seinen Pflaumen- und Weingärten für seine persönlichen Zwecke noch nebenher zu benützen oder zu verkaufen; nur dem Herrn durfte er sie verkaufen.

Es ist das Unglück des rumänischen Bauern gewesen, daß niemand ein Interesse daran hatte, sich seiner anzunehmen. Es fehlte ein starker Fürst, der aus militärischen und finanziellen Gründen den Bauer schützte, wie es in Preußen im 18. Jahrhundert der Fall gewesen ist. Die Russen und die Türken hatten daran kein Interesse, im Gegenteil, die Fürsten konnten aus Angst vor jenen nichts wagen, und die Bojaren dachten nur daran, sich schnell zu bereichern und das Leben zu genießen, was ihnen der aufblühende Getreidehandel jetzt erleichterte.

Durch die Abschaffung des türkischen Vorkaufsrechtes hatte der Handel mit der Türkei nicht verloren. Gleichzeitig fangen auf dem europäischen Getreidemarkte die Getreidepreise an fühlbar zu steigen. Die Getreideausfuhr wächst. Der preußische Konsul Neigebauer gibt die folgenden Zahlen für die Ausfuhr des Weizens aus dem Hafen Galatz an[1]:

1837 . .	109 126 360	Kr.
1838 . .	120 775 960	„
1839 . .	153 880 640	„
1840 . .	166 650 803	„

Nach einer Schätzung des Fürsten Sutzu[2] dehnte sich das kultivierte Areal in der Moldau in den Jahren 1838—1847 von 392 684 auf 513 531 Falcen aus, die Getreideernte ebenda von 1838—1849 von 137 993 auf 220 508 Kilas. Die Getreidepreise stehen wie folgt: Es kostete eine Kila = 5½ hl Weizen 1838 72 alte Lei, 1848 187 alte Lei, eine Kila Mais 38 alte Lei 1828, 131—132 alte Lei 1848. In der Walachei kostete eine Kila Weizen 1837/38 100 alte Lei, 1860 200 bis 280 alte Lei. Die Viehpreise sind etwas gesunken; so kostete ein Ochse 1839 in Falticeni (Moldau) 273 alte Lei, 1847 bloß 216 alte Lei, und 1857 kostete ein Paar Ochsen 400 bis 500 Lei. Ein alter Leu hatte 0,37 cms.

---

1 Fr. Neigebauer, Beschreibung der Moldau und Walachei. Breslau 1856. S. 240.

2 Prince N. Sutzu, Notions statistiques sur la Moldavie. Jassy 1849. S. 94 und 100.

Infolge der Gewährung der gänzlichen Schiffahrtsfreiheit auf der Donau nach dem Krimkrieg nahm die Getreideausfuhr auch in der Walachei einen großen Aufschwung. Von 28803409 Kila im Jahre 1850 stieg die Getreideausfuhr auf 74154158 Kila in 1858; sie hat sich also in acht Jahren verdreifacht[1].

Die Folge der Handelsfreiheit war geradezu erstaunlich. „Eine unermeßliche Fläche wird jetzt umgebrochen und angebaut und bietet einen fröhlichen Anblick[2].“ Diese Tendenzen waren aber von sozialen Mißständen begleitet, besonders da, wo die landwirtschaftliche Produktion für den Absatz am besten gestaltet war, in der Moldau.

a) Die Ausgestaltung der Gutsherrschaft in der Moldau.

Die Ausdehnung des Eigenbetriebes der Gutsherren in der Moldau unter dem reglementarischen Regime wird durch die folgenden Zahlen bezeugt.

Die kultivierte Bodenfläche beträgt in Falce = 1,43 ha[3]:

Jahre	Gesamtsumme in Falce	Zunahme der Fläche %	Die von Fronbauern kultivierte Fläche	Zunahme %	Die von Gutsherren kultivierte Fläche	Zunahme %
1833	313 992		195 876		118 116	
1844	356 662	13,6	215 091	11	141 571	20
1846	463 992	30,60	233 251	7	230 741	64
1850	497 344	7,50	fehlt		fehlt	
1859	539 671	7,50				

Die Ausdehnung des Eigenbetriebes brachte große soziale Mißstände mit sich, wie dies sogar der Fürst Mihail Sturdza in einer Verordnung anerkannte. Die Bauern wurden bei der Verteilung des Landes übervorteilt. Die Gutsherren ferner verlangten für die nicht verwendete Fronarbeit Geldentschädigung und suchten sich bei dem fühlbaren Steigen der Arbeitslöhne[4] die Arbeitskraft der Bauern über das, was das Gesetz erlaubte, hinaus zu verpflichten. Deshalb liehen sie den Bauern Geld, verabreichten ihnen Getränke und verlangten dafür im Sommer Arbeitsdienste. Auch für die Benutzung der Wälder

[1] Zusammengestellt nach Jurnalul de agricultură. Jasi 1859. Nr. 11, und P. S. Radian, Din Trecutul si presentul Agriculturei române. Buc. 1906.

[2] Neigebauer a. a. O.

[3] Nach R. Rosetti in der Zeitschrift „Viaţa românească“ (Rumänisches Leben). November 1907 Jasi.

[4] Es wurden nach dem Fürsten Sutzu S. 100 op. cit. im Jahre 1837 18 alte Lei für das Behacken einer Falce (1½ ha) Maisland bezahlt, im Jahre 1847 dagegen 60 alte Lei.

und Rodungen wurden Arbeitsdienste auf Grund besonderer Abmachung verlangt, sodaß die Gutsherren reichlich mit Arbeitskraft versorgt waren.

Wegen des Mißverhältnisses zwischen dem Umfange des Bodens und der Größe der Bevölkerung im Gebirge und auf dem flachen Lande konnte die gesetzliche Regulierung nicht zur völligen Durchführung kommen. Die Bauern im Gebirge erfreuten sich, wie es in den Motiven zu einem Gesetzentwurf lautet, nicht der gesetzlichen Ausstattung mit Land; deshalb „brechen sie die Dörfer“, d. h. sie ziehen heimlich weg; sie hatten insbesondere zu wenig Wiesen- und Weideland. Die Gutsbesitzer anderseits hatten nicht genug Ackerland, um die Arbeitskraft der Bauern verwenden zu können; wenn sie solches hatten, behielten sie es für sich. Daraus entstand Streit und eine Verelendung der Bauern. Die Bauern waren gezwungen, zu hohen Preisen Futter für ihr Vieh zu kaufen. Um ihre Verpflichtungen den Gutsherren gegenüber erfüllen zu können, wurden sie von diesen im Hochgebirge mit Holzschnitzerei oder in der Ebene, wo die Bojaren auch Güter hatten, mit anderen Arbeiten beschäftigt. Aus diesen Gründen sahen sich die Gutsherren bewogen, mit den Bauern Abmachungen über die Umsetzung der Arbeitsfronden und des Naturalzehnten in Geld zu treffen. So zahlten die Bauern in dem gebirgigen Teil der Moldau ziemlich allgemein bis zu 8 Galbeni (zu 11,85 Frcs.) Fronentschädigung im Jahr. Wenn die Gutsherren Arbeitskräfte brauchten, mieteten sie diese für bares Geld, und für weniger Geld, als die Bauern ihnen für die Fronarbeit an Entschädigung zahlten, weil hier die Bevölkerung dichter, die Pachtpreise dagegen höher waren; oder sie ließen die Bauern das Geld wieder in Arbeit umsetzen und im Hochgebirge Holz schnitzen und Fuhren leisten, wobei, wie es in der schon erwähnten Verordnung Mihail Sturdzas heißt, „durch das Unverständnis der Bauern in Geldsachen ihre Lage eine unerträgliche und gedrückte wurde[1].“ Die Landesversammlung verpflichtet 1844 durch ein „Gesetz für das Hochgebirge“, die Gutsherren dazu, den Bauern das durch das Reglement bestimmte Maß an Weide und Wiesenland oder auch statt Ackerland mindestens Wiesenland zu geben, und wenn sie dies Wiesenland nicht im Dorfe hatten, so sollten sie es den Bauern im Hochgebirge geben. Der Naturalzehnt blieb abgeschafft. Falls die Gutsherren nicht genug Land hätten, durften die Bauern wegziehen, oder wenn sie dort bleiben wollten, mußten sie 98 alte Lei jährlich zahlen. Viele Gutsbesitzer parzellierten ihre Güter und verpachteten die Parzellen an die Bauern.

So lagen die Verhältnisse im gebirgigen Teile der Moldau.

---

[1] Const. Tanasescu si Stefan Grigoresc und Tocmelele agricole sub diferite legiuiri înainte si dupa regulamentul organic (die ländl. Verträge usw.) Bucuresti 1906, S. 57 ff.

Anders in den Gefilden zwischen Siret und Prut, im Gebiete des immer weiter sich entwickelnden Großbetriebes. Die Gutsherren hatten hier wenig Arbeitskräfte und viel Land. Sie setzten deshalb den Naturalzehnt in Arbeitskraft um. Die Grundlage der landwirtschaftlichen Produktion bestand für sie nicht mehr in den Naturalleistungen der Bauern, sondern in ihrem Eigenbetrieb. Übrigens war die Technik der Bauern, wie überall, wo Gutsherrschaft zu treffen ist, weit rückständiger als die der Herren. Hauptsächlich wurde in den bäuerlichen Wirtschaften Viehzucht getrieben. Auch hier waren die Gutsherren nicht geneigt, den Bauern viel Ackerland zu geben. Deshalb gingen die Bauern gern solche Vereinbarungen ein, die ihnen den ganzen Ertrag ihres Besitztums, das immer kleiner wurde, überließen.

So wird der Naturalzehnt in der ganzen Moldau abgeschafft. Der Gutsbetrieb erlangte hier von den vierziger Jahren des vorigen Jahrhunderts ab die vollendetste Ausgestaltung, und zwar am meisten in den Gegenden, wo das Land erst vor kurzem unter den Pflug genommen war, nämlich im Osten und besonders im Nordosten der Moldau. In dieser Gegend hatten die vom Erwerbsbetrieb beherrschten und kapitalreichen Gutsbesitzer eigene Geräte und auch Maschinen angeschafft. „Die Großgüter," heißt es in einer Enquete [1], „haben hier ihre Pflüge und lassen die Bauern für das Fronpflügen Handdienste machen, z. B. Maisbehacken und Gäten." Sie hatten sich Vieh angeschafft und brauchten die Spanndienste der Bauern nicht. In der nordöstlichen Moldau besonders hatten sie viele Brennereien, Gestüte, Mühlen usw. Das Gesetz von 1851 schaffte die Verpflichtung der Bauern ab, von Maisstengeln Schober zu machen. Dies beweist, daß die Bojaren sich feste Schober gebaut hatten. Der ausgebildete Großbetrieb verlangte für spezialisierte Dienstzweige ausgebildete Leute, wie Förster, Viehknechte, Maurer. Deshalb schaffte der Fürst G. Ghica 1851 die reglementarische Verfügung ab, daß die Dorfgemeinschaft dem Gutsherrn jährlich von zehn Familien einen Mann zur Verfügung zu stellen habe. Diese Verpflichtung paßte nicht mehr zu den neuen Bedürfnissen. Fast alle Gutsbesitzer wohnten hier auf dem Lande, wo sie schöne Paläste, Gärten mit Versailler Spalieren hatten. Noch 1893 konnte ein moldauischer Gutsbesitzer, Rosetti-Țețcanu, sagen: „Der Absentismus ist bei uns beinahe unbekannt, der Gutsbesitzer steht an der Spitze des Dorfes. In allen Phasen des Lebens ist ein Komplex von Beziehungen mit den Bauern vorhanden, die die Unterschiede von hoch und niedrig ausgleichen. Neben der Kultur haben wir auch den Kultus des Bodens; unsere Gutswirtschaften haben für uns einen ästhetischen Wert, was man anderswo nicht

---

[1] I. Ionescu, Manografia jude tului Dorohoi. Veröffentlichung des Ackerbauministeriums. Bucuresti 1868, S. 131.

trifft[1]." Den Bauern ging es nicht so gut. Dies „patriarchalische" Verhältnis brachte nämlich auch viele Mißstände mit sich. Es wurde den Bauern wenig Land gegeben; die Zahl der spannfähigen Bauern nahm ab. Die Vergebungen von Land an die Neuvermählten wurden seltener. Die frühere Feldgemeinschaft, die Gemengelage und die „Wandelbarkeit der Äcker" verschwand durch die Separation des Vorwerklandes, die noch 1852 ausdrücklich gesetzlich festgelegt wurde. Der Bauer blieb auf derselben Scholle. Diese wurde aber immer kleiner. Im Winter war er schon genötigt, Geld oder Nahrungsmittel von dem Bojaren zu entnehmen; dafür leistete er ihm im Sommer Handdienste; „seine Schuld wächst immer und er wird vom Gutsbesitzer ernährt." Der Bauer konnte den Bojaren nicht zwingen, ihm mehr Land zu geben, aber diesen konnte der Bojar zur Arbeit zwingen. Lieber wollte der Bauer mit dem Bojaren andere Abmachungen in Bezug auf Land und Arbeit treffen und zahlte einen Pachtzins für ein Stückchen Land in Geld oder teils in Geld, teils in Arbeit, wie es dem Gutsbesitzer paßte, oder trat direkt in den Dienst des Gutsbesitzers als Gutsknecht oder Sommerarbeiter. Man sagt von dem moldauischen Bauern, daß er kein „Landwirt mehr ist, sondern ein einfacher Arbeiter für die große Produktion des Gutsbesitzers", daß er kein Ackerfeld vom Gutsbesitzer nimmt, weil er es nicht bearbeiten kann aus Mangel an Zeit und Betriebskapital. Er muß ausschließlich für den Großgrundbesitzer arbeiten, dem er sich für Jahre hinaus zur Arbeit verpflichtet hat. „Es ist hier Regel, daß der Dorfvorsteher, wenn er die Steuer zu bezahlen hat, zum Gutsbesitzer geht, um von diesem das Geld dazu zu leihen. Der Gutsbesitzer ist hier oft gezwungen, für seine Bauern die Steuern zu bezahlen." So schildert uns M. Cogalniceanu, der Urheber der Bauernbefreiung, die Lage des moldauischen Bauern[2].

Am besten erklären uns den Zustand die folgenden Zahlen: 1859 hatten im Distrikt Dorohoi[3] die Gutsbesitzer 127 302 Falce, d. h. 67 % inne, die Fronbauern blos 52 045 Falce, d. h. 33 %; unter den letzten befanden sich:

225 mit 4 Ochsen,
5014 „ 2 „
7999 „ 1 Kuh,
3325 ohne jedes Vieh.

In einem andern Distrikt, Putna, hatten die Gutsbesitzer 51 143 Falce, d. h. 58 %, die Bauern 37 969 Falce, d. h. 42 %.

---

[1] Desbaterile adunăriler deputatilor (Debatten der Deputiertenkammer). Sitzung vom 8. Mai 1893.

[2] Îmbunătățirea soartei țăranilor. (Verbesserung der Lage der Bauern.) Reden gehalten 1862 anläßlich der Bauernbefreiungsdebatte. Buc. 1906, S. 140.

[3] I. Ionescu, Monografia județului Dorohoi. S. XIII. Bucur. 1868.

In Putna[1] war auch der Großbetrieb weniger entwickelt. So besaßen hier:

die Bauern	2713	Pflüge und	14580	Stück	Vieh,
die Gutsbesitzer	483	„ „	2864	„	„

Dabei hatten in diesen Distrikten die Bauern eine etwas bessere Lage als in andern, weil im ersten Distrikt noch genug Land war, in dem zweiten die Verhältnisse denen der benachbarten Walachei ähnelten.

b) Der Eigenbetrieb der Gutsherren und der Teilbau in der Walachei.

Es ist oben[2] gezeigt worden, daß die Walachei für den Handel nicht so günstig wie die Moldau gelegen war. Deshalb konnte die Walachei aus der Gewährung der Handelsfreiheit auf dem Schwarzen Meere nicht viel Vorteil ziehen. Erst durch die Verkündigung der Schiffahrtsfreiheit auf der Donau 1856 und durch die Schiffbarmachung der Donaumündungen durch die Donaukommission, die seit 1856 ihren Sitz in Galatz nahm, trat auch hier eine sehr günstige Änderung ein. Aber die Entwicklung ging viel langsamer vor sich; die Walachei blieb noch länger unter naturalwirtschaftlichen Einflüssen.

Die faulen, aber schlauen Bojaren setzten in ihrer großen Mehrheit das alte System fort. Sie enteigneten die Bauern trotz des Überflusses an Land und verpflichteten sich durch ein Gesetz, den Bauern nur sehr wenig Land abzutreten. Dies sollte noch nicht 5 ha betragen für einen Bauern, der wenigstens vier Stück Vieh besaß, und für die unteren Kategorien noch weniger, etwas mehr als 2 oder 3 ha, ein Areal, das bei der äußerst extensiven Bewirtschaftungsweise unmöglich eine Familie unterhalten konnte. Für dies wenige Land war der Bauer zu bedeutenden Arbeitsleistungen verpflichtet, und wenn der „Gutseigentümer" die Frondienste nicht brauchte, hatte der Bauer statt der Fronarbeit Geld zu zahlen. Woher sollte er das Geld nehmen? Man beeilte sich sogar, gleich nach dem Inkrafttreten des Reglements (1834) für die Entschädigung der Fronarbeit in Geld die Arbeitspreise festzusetzen. Das Gesetz betonte (Art. 144): „So wie der Bauer Herr seiner selbst und seiner Habe ist, ebenso ist der Eigentümer Herr auf seinem Boden; deshalb steht es dem Bauern frei, auszuziehen, wohin ihn sein Interesse treibt; und es steht dem Eigentümer frei, sein Eigentum so zu verwerten, wie es ihm paßt." Trotzdem existierte keine Freizügigkeit. Der Abzug des Bauern war

[1] I. Ionescu, Monografia judetului Putna. Veröffentlichung des Ackerbauministeriums. Bucuresti 1872, S. 83.

[2] Siehe S. 16—17.

hier beinahe eine Unmöglichkeit. Wenn ein solches Gesetz[1] genau zur Anwendung gekommen wäre, hätte es eine Revolution hervorgerufen. Seiner strengen Anwendung widersetzte sich die geringe Neigung der Bojaren, den Eigenbetrieb auszudehnen, der Überfluß an Land und die ziemlich gute wirtschaftliche Lage der Bauern, die hier viel Vieh hielten und viel Land in Pacht zu bewirtschaften pflegten, außerdem viel Unabhängigkeitssinn besaßen[2].

Große Unzufriedenheit herrschte im Gebirge, wo die Bevölkerung sehr dicht, dagegen wenig Land vorhanden war; wenn der Großpächter auch etwas Land zum Eigenbetrieb ließ, reichte es für die ausgedehnte Viehzucht der Bauern doch nicht aus. Die Großpächter, die nur auf drei Jahre eingesetzt waren, verlangten sehr hohe Preise für Weideland. Anders lagen die Verhältnisse im Hügelland und in der Ebene, wo sehr viel freies Land und wenig Menschen vorhanden waren. Weil das gesetzlich bestimmte Land für die Bauern nicht reichte, und die Gutsherren ihre Frondienste nicht verwenden konnten, kamen zwischen Gutsbesitzern und Bauern Vereinbarungen über die „Überschüsse" zustande. Im Gebirge, wo wenig Platz für Eigenbetrieb war, leisteten die Bauern fast nur Naturalabgaben, den Zehnten oder auch mehr, bis zu einem Drittel der Ernte, und brachten diese dorthin, wo der Herr sie brauchte. Nur in der Donauebene pflegten die Gutsbesitzer einen Teil des Gutes für ihren Eigenbetrieb zu behalten. Dagegen war der allergrößte Teil des Gutes an die Bauern vergeben, die neben einer Quote der Ernte, in vielen Fällen nur dem Zehnten, sich noch verpflichteten, andere Stück- und Handdienste, oft die vollständige Bewirtschaftung eines Stück Landes, dessen Ertrag dem Gutsbesitzer zufiel, zu leisten und die Ernte auf die Tenne des Gutsherrn zu liefern. Noch immer hatte der Bauer, wie früher, das beste vom Fleisch, Filets, Schweinezungen, ferner Eier, Hühner u. a. zu leisten. Der Gutsbetrieb erfolgte durch die Bauern unter Aufsicht des Gutsverwalters, der die Arbeiten so verteilte, daß der spannfähige Bauer mehr Gespann- und Pflugarbeit, der nichtspannfähige mehr Handarbeit leistete. Durch diese Vereinbarungen wurde die gesetzliche Regulierung illusorisch. Das Gesetz von 1851 beschäftigt sich mit diesen Vereinbarungen und nennt sie ein „Mittel zur Spekulation für den Bauern". Die Vertragsfrist wird auf fünf Jahre festgesetzt. Die Regierung überwachte im Herbst des Jahres 1859 den Abschluß dieser Verträge und verlangte von den Gutsbesitzern, daß sie den Bauern die Bedingungen der zu schließenden Vereinbarungen über den „Überschuß"

---

[1] Siehe oben S. 22—25 dessen Bestimmungen.
[2] Siehe oben S. 8 und 16—17.

bekannt machten. Wenn aber die Bauern mit der Vereinbarung unzufrieden wären, so könnten sie die Abzugsformalitäten erfüllen und bis zum 23. April 1860 ziehen.

So vollzog sich in der Walachei die Entstehung einer Art „Teilbau“. Die Frage, wie die Entstehung solcher Arbeits- und Pachtformen zu erklären sei, ist verschieden zu beantworten. In erster Reihe ist die langsame Entwicklung der Geldwirtschaft als Ursache zu nennen. Es fehlte dem Gutsherrn damit ein mächtiger Ansporn zur Ausdehnung des Eigenbetriebs. Der Niederungsboden der walachischen Tiefebene war schwer zu bearbeiten; dazu wäre viel Kapital nötig gewesen, und darüber verfügten die Gutsherren nicht. Sie schufen deswegen auf ihren ausgedehnten Gütern fortwährend neue Bauernstellen. Das durch Bauern urbar gemachte Land benutzte der Gutsherr nachher für seinen Eigenbetrieb. Deshalb liegt hier der Eigenbetrieb des Herrn im Gemenge mit den bäuerlichen Betrieben. Der Bauer wurde sehr oft von seiner Stelle versetzt. Aber nicht in demselben Maße, wie die Nachfrage nach Getreide wuchs, dachten die Bojaren bei dem Überfluß an Land an die Ausdehnung des Gutsbetriebes, sondern nur an die Erhöhung der Naturalleistungen und an die Einführung des Teilbaues, um dadurch die mehr an die naturalwirtschaftlichen Zustände gewöhnte Bevölkerung zur Emsigkeit und Tätigkeit und zur Urbarmachung des Landes anzuspornen. In Geld hätten hier die Bauern schwerlich den Pachtzins zahlen können. Als zweiter Grund kann für die Entwicklung des Teilbaues angeführt werden, daß die Gutsbesitzer und Großpächter die Marktkonjunkturen besser als die Bauern, die an den alten niedrigen Preisen festhielten, auszunützen imstande waren. Bis heute verkaufen sehr viele Bauern ihre Erzeugnisse den Gutsbesitzern, die davon ansehnliche Gewinne erzielen. Der Umstand, daß der Bauer nichts anderes als Pächter, also gänzlich von dem Gutsbesitzer abhängig war, ermöglichte dem Gutsbesitzer die Erschwerung der Vertragsbedingungen. Das brachte schon damals, besonders in den Gebirgen, große Mißstände mit sich. Im einzelnen wird der Teilbau erst unten für die Zeit nach der Bauernbefreiung zu betrachten sein. Im allgemeinen mag hier so viel gesagt sein, daß die Lage der Bauern in der Walachei bedeutend besser war als zur gleichen Zeit in der Moldau. Vor allem nahmen sie hier fast den ganzen Grund und Boden in Kultur, und zwar gewöhnlich außer dem geringen gesetzmäßigen Quantum noch 20—30 Pogons in Teilbau. Die Bauern aus der Ebene nahmen sogar in den 50er Jahren des 19. Jahrhunderts 60—70 Pogons für Wiesen- und Ackerland von dem Überschuß in Besitz; dafür zahlten sie z. B. 30 Frcs. in Geld und den Naturalzehnten. Kogalniceanu sagt in der erwähnten Rede[1]: „Wer hat in der Walachei das Betriebskapital, d. h. Arbeitsgeräte und Vieh, also wer produziert und verkauft? Die Bauern. Sie produzieren, sie führen den größten Teil ihrer Zerealien aus, sie sind die wahren Besitzer des Bodens." Er sagt weiter: „In vielen Dörfern haben die Bauern ihren Eigentümern Geld leihen können." Besser noch veranschaulichen uns die folgenden Zahlen die günstige Lage der Bauern in der Walachei. Der jährliche Ertrag des Grund und Bodens betrug 1859 im Distrikt Mehedintzi 434004 Galben (je 11,85 Frcs.); davon kamen

285672 auf die Bauern und

148332 auf den „Überschuß" und auf den Eigenbetrieb der Gutsbesitzer[2]. 1859 wurden in der Walachei produziert in Kilas:

	Roggen u. Weizen	Mais	Hirse	Gerste und Hafer
von den Gutsbesitzern	6531	14575	2966	9485
von den Bauern	399121	1752562	95855	187757

Demnach wurde in den bäuerlichen Betrieben 66 mal mehr Weizen und 120 mal mehr Mais als in den Eigenbetrieben der „Eigentümer" produziert. Die Gutsbesitzer und Pächter richteten sich nach der Zahl der Bauern, die auf dem Gute sich befanden; so wurden pro Fronbauer 4—6 Galben bezahlt[3].

c) Die Bauernfrage und die Bauernbefreiung.

Je mehr wir uns der Gegenwart nähern, desto schlechter werden die Zustände in wirtschaftlicher, sozialer wie nationaler Hinsicht.

Die Landbautechnik war rückständig geblieben. Weder Gutsbesitzer noch Bauer trachteten danach, den Boden zu verbessern, weil dieser eigentlich keinem von beiden gehörte. Der Betrieb stützte sich auf die Arbeitskraft des Bauern, und dieser arbeitete mit einer „faulen, ungeschickten Hand"[4]. Allgemein noch fand sich der Holzpflug, der von 8 Ochsen „geschleppt" wurde. Die „Egge, ein aus Dornen zusammengeflochtenes Machwerk" war nicht imstande, den Samen zu bedecken. Da es kein Eigentum gab, konnte der Bauer nicht darauf rechnen, den Hof seinen Kindern zu hinterlassen.

---

[1] Op. cit. S. 137. S. auch De la Propriété en Moldo-Valahie par K. B. Jassy 1857. S. 36.

[2] I. Jonescu, Op. cit. S. 143; D. Martian, Analele statistice si economice. Jahrg. 1860.

[3] I. Jonescu, Monografia judetului Mehedinti, Veröffentlichung des Ackerbauministeriums, S. 143.

[4] Friedrich Neigebauer, Die Donaufürstentümer. I. Bd. Breslau 1850. S. 41 ff.

Mit der immer weiter gehenden Enteignung des Bauern und mit der kulturellen Entwicklung erwachte in ihm das Bewußtsein, daß er ungerecht behandelt wurde, und der Klassenhaß wuchs. „Denn, ist es bei den Opfern, die wir mit unserem Blut und unserem Schweiß bringen, nicht eine Schande, daß wir Fremde auf unserem Boden bleiben?“ sagte ein Bauer im Jahre 1848 wörtlich zu den Bojaren in einer Kommission von Bauern und Bojaren, die über die Bauernfrage zu beraten hatte. In der moldauischen Landesversammlung brachten die Bauern 1857 anläßlich einer Debatte über die Bauernfrage eine scharfe, schriftliche Anklage vor, worin sie sagten:

Bis jetzt habe der schwere Druck, den Fronden, Abgaben, Juden, ausländische Heere ausübten, nur auf ihnen gelastet, während die Bojaren in schlimmen Zeiten sich durch die Flucht über die Grenzen dem hätten entziehen können. Die Fronarbeit sei immer schwerer geworden, sodaß ihnen keine Zeit mehr zur Bearbeitung ihrer Felder bleibe. Im Winter und in Notzeiten kauften sie, um „die Kinder zu ernähren, vom Bojaren das Produkt ihrer Arbeit wieder“. Sie verlangten Abschaffung aller Fronden und Abgaben, der körperlichen Strafen, der Kopfsteuer, endlich Selbstverwaltung der Dörfer. „Wir wollen frei werden und uns loskaufen und niemandem mehr angehören, wir wollen nicht die Rechte der anderen verletzen, aber unsere Rechte dürfen auch nicht hintangesetzt werden.“

Einen Bundesgenossen fanden die Bauern in den Aufklärungsideen. Durch die Bekanntschaft mit der westlichen Kultur, mit dem Erwachen der nationalen Idee entstand bei den besten Elementen das Streben, ihr Volk zu regenerieren. Sie waren von demokratischen Gedanken durchdrungen und glaubten, daß die Macht eines Staates auf dem Wohlstand der Mehrheit des Volkes beruhe[2]. Für die Verwirklichung der nationalen Ideale sei eine Klasse von Bauern nötig, die durch den Besitz eines Stück Landes an dem Bestehen des Staates interessiert seien und die dem Staate mehr Steuern und Soldaten geben können; dies wäre nicht möglich, wenn sie nur ein „Arbeitsinstrument“ in den Händen einer Klasse von wenigen Tausend Gutsbesitzern seien. Es sind dieselben Gründe finanzieller, militärischer und philanthropischer Natur, die den Bauernschutz in Westeuropa, in Preußen im 18. Jahrhundert und im Anfang des 19. Jahrhunderts hervorgerufen haben.

Die „nationale“ Partei betrachtete es als ihre wichtigste Aufgabe, die Fürstentümer zu vereinigen und die Bauern zu Eigentümern auf ihrer Scholle zu machen. Ihre Forderungen wurden von den westeuropäischen Mächten unterstützt, die in

---

[1] N. Xenopol, Domnia lui Cuza-Voda. 1898. Jasi. Cap. Istoria Chestiuei rurale. Bd. II. S. 440 ff.

[2] M. Kogalniceanu, Dorințele partidei nationale. (Die Wünsche usw.). Jași 1848.

Art. 46 des Pariser Kongresses von 1856 bestimmten, „daß die Fürstentümer das Gesetz über die bäuerlich-gutsherrlichen Verhältnisse einer Revision unterziehen und die Privilegien und Monopole, deren nur wenige Klassen sich erfreuten, abschaffen sollten.“ Diesen Bestrebungen widersetzte sich die Bojarenpartei. In ihren Schriften[1] nannten sich die Bojaren rechtmäßige Eigentümer und führten dafür als Beweis an, daß die bäuerlichen Nahrungen und der Eigenbetrieb des Herrn jahraus, jahrein gewechselt werden, und daß die ersteren nicht den Söhnen der Bauern vererblich sind. Sie nahmen für sich das Verdienst in Anspruch, den Bauern die Ansiedlung auf ihren Gütern durch Verleihung von Kapital erleichtert, und so das Land bevölkert, Handel und Industrie gefördert und die Geldwirtschaft im Lande eingeführt zu haben. Insgesamt verlangten sie die Abschaffung der Verpflichtung, die Bauern mit Land zu dotieren; die Bauern sollten von den Eigentümern nur durch freie Vereinbarungen Land bekommen, dafür aber Geld, Arbeitskraft und Naturalien leisten. Die Behörden sollten sich bei dem Abschluß dieser Vereinbarungen gar nicht einmischen, sondern nur über die Vollziehung derselben wachen. Von ihrem „Eigentum“ wollten die Bojaren nichts abtreten, höchstens waren sie bereit, den Bauern zur „Erbpacht“ $^{1}/_{8}$ Falce, etwas über $^{1}/_{5}$ ha Haus- und Gartenland und $^{1}/_{2}$ Falce Weideland gegen Entschädigung zu geben. Auf weiter nichts als auf das Getränkeverkaufsmonopol wollten sie verzichten (Istrati). Sie machten darauf aufmerksam, daß die unfreien Bauern, besonders die in der Walachei in besserer Lage, als die freien wären, die alles dulden müßten, keinen Schutz hätten und deren Boden durch Erbteilung immer kleiner geworden sei, sodaß sie schließlich ihre Parzellen verkauften, während die großen Güter, wenn sie parzelliert würden, keine Käufer fänden. Der Führer der Bojarenpartei, Barbu Catargiu, schlägt in seiner Schrift vor, der Staat solle auf seinen eigenen und den klösterlichen Gütern den Bauern Land verkaufen und mit dem Erlöse jährlich wieder 40—50 Güter, die zur Zeit in die Hände der Kapitalisten fielen, ankaufen, um sie an die Bauern weiter zu verkaufen. Der Vorschlag war gut. Wer sollte ihn aber ausführen? Bis heute haben sich die Bojaren und die Gutsbesitzer der Ausführung widersetzt.

Die Bauernfreunde[2] betrachteten die Bauern als rechtmäßige Eigentümer auf ihren Schollen, mit denen sie sich

---

[1] Istrati (Mol.), Question des relations entre les propriétaires et paysans. Jossi 1858. — K. B. (Wal.), De la propriété en Moldo-Valahie, Bucarest 1857. Etat social des principautés danubiennes, Bruxelles 1855. Denkschrift der Bojaren.

[2] N. Balcescu (lib. Wal.), Question économique des principautés danubiennes. Paris 1850. — N. Golescu (lib. Wal.), Abolition du servage dans la Moldo-Valahie. Bruxelles 1856.

einmal verkauft hätten. Sie wiesen darauf hin, daß die Bojaren verpflichtet wären, $^{2}/_{3}$ ihrer Güter den Bauern abzutreten, und daß die Urbarien nur eine Bestätigung dieses Rechtes wären. Den Einwand der Bojaren, sie müßten auf den künftigen Zuwachs der Rente verzichten, falls sie den Bauern Land gegen Entschädigung abträten, beantworteten die Liberalen dahin, daß der Boden, den die Bojaren den Bauern gäben, den Verpflichtungen doch nicht mehr entspräche, sodaß eine Intervention des Staates notwendig wäre. Um die Befürchtung der Bojaren, die Ablösung würde das Aufhören der landwirtschaftlichen Produktion zur Folge haben, zu beseitigen, schlugen die Liberalen vor, die Ablösung solle sich über eine Reihe von Jahren erstrecken, in welcher Periode die Zahl der Frontage nach und nach vermindert werden könnte. Aus der Zerstückelung der bäuerlichen Parzellen dürfte man nicht auf die Notwendigkeit einer späteren zweiten Vergebung von Land schließen, weil noch genug freies Land brach läge. Übrigens würden auch die Bauern als Lohnarbeiter Beschäftigung finden. Ebenso dürfte man daraus, daß die freien Bauern eine schlechtere Lage als die unfreien hätten, keine Verschlechterung der Lage der unfreien durch die Ablösung befürchten, denn die freien Bauern hätten einen „rückständigen Betrieb".

Nachdem die Beratungen über die Bauernfrage 1857 in der moldauischen Landesversammlung, die aus Bojaren, dem hohen Klerus und ein paar städtischen Deputierten zusammengesetzt war, zu keinem Ergebnis geführt hatten, kam nach der Vereinigung der Donaufürstentümer zu einem Staat 1859 die Bauernfrage in einer Zentralkommission für beide Fürstentümer abermals zur Erörterung.

In dem Gesetzesentwurf dieser Kommission werden die Bauern als reine Pächter bezeichnet, die vollständige Freiheit hätten, wegzuziehen und Verträge zu schließen. Es soll ihnen als Eigentum in der Moldau 0,7 ha und in der Walachei 0,5 ha Haus- und Gartenland zugewiesen werden. Auf Staatsdomänen sollen die Bauern in Erbpacht nur bis 1,50 ha erwerben dürfen. Die Gutsherren sollen nicht mehr verpflichtet sein, die Bauern mit Land auszustatten.

Dieser Entwurf wurde der Kammer vorgelegt, welche die letzte Bestimmung, die Bauern auf Staatsdomänen als Erbpächter mit Land auszustatten, ganz beseitigte. Obwohl die Liberalen mit allem Nachdruck auf die Gefahren aufmerksam machten, die aus einer Enteignung der Bauern für die Nation und für die Gutseigentümer selbst entstehen würden, beschloß die Kammer die Enteignung der Bauern. Aber dieser Beschluß gelangte infolge des Widerstandes des Fürsten nicht zur Durchführung. Da die Gutseigentümer sich mit der Regierung nicht verständigen und anderseits einer Änderung des Wahlrechts im demokratischen Sinne nicht ihre Zustimmung geben wollten, sah sich der Fürst gezwungen, die Bauern am 24. August 1864 durch einen Staatsstreich zu befreien und zu Eigentümern auf ihrer Scholle zu machen. Er erließ ohne Zustimmung der Kammer das Agrargesetz von 1864.

d) Das Agrargesetz von 1864.

Die Bauern werden durch dieses Gesetz Eigentümer auf ihren Schollen. Neben dem Garten- und Hausland bekommt:

in der Walachei				
der Bauer mit 4 Ochsen	11 pogons			= 5,51 ha
der Bauer mit 2 Ochsen	7 pogons	29	prajini	= 3,90 ha
der nichtspannfähige Bauer	4 pogons	14	„	= 2,31 ha
in der Moldau				
der Bauer mit 4 Ochsen	5 falce	40	prajini	= 7,88 ha
der Bauer mit 2 Ochsen	4 falce	30	„	= 5,72 ha
der nichtspannfähige Bauer	2 falce	70	„	= 3,58 ha

Denjenigen Bauern, die bei der Befreiung nicht so viel Land hatten, wird das Fehlende bis zur oben angegebenen Bodenfläche ergänzt. Der Grundeigentümer braucht nur bis zu $^2/_3$ seines Guts, die Waldfläche nicht eingerechnet, den Bauern abzutreten; den Rest und die Wälder behält er für sich (Art. 1, 2, 3). Diejenigen Landbewohner, die keine Landwirte sind, so wie die Witwen und Invaliden, die auf Haus- und Gartenland beschränkt sind, behalten bloß dieses als ihr Eigentum. Das Garten- und Hausland für jeden Bauern hatte eine Ausdehnung

	im Gebirge	auf der Ebene
in der Walachei von	1152 qm	1537 qm
in der Moldau von	1790 qm	1790 qm

Ebenso wird den Minderjährigen eines verstorbenen Fronbauern so viel Land wie den andern Bauern überlassen, wenn die Witwe sich verpflichtet, dafür die festgesetzte Entschädigung zu zahlen (Art. 4).

Die Bauern, die keinen Anspruch auf Land haben, die im Jahre 1864 Neuvermählten und diejenigen Fronbauern, denen von den $^2/_3$ des „herrschaftlichen" Gutes kein Land zuteil wird, werden auf Staatsgütern angesiedelt (Art. 5 und 6). 30 Jahre lang nach der Veröffentlichung des Gesetzes bleibt das Eigentum der Bauern, das sie durch dieses Gesetz erworben, unveräußerlich und unverpfändbar. Nur der Gemeinde kann dies Eigentum anheimfallen, wenn der Bauer ohne Erben sterben oder Zwangsversteigerung eintreten sollte, indem sie die darauf lastenden Verpflichtungen übernimmt (Art. 7). Die Waldservituten werden nach 15 Jahren durch Vereinbarung zwischen Bauern und Eigentümer abgelöst (Art. 9). Die Fronarbeit, die Reparaturtage, der Zehnte bleiben abgeschafft; dafür wird den

Eigentümern eine Geldentschädigung gezahlt (Art. 10a und 11). Die Verpflichtung der Arbeitskraft des Bauern, sowie die Übernahme von Land „zur Kultur“ von Großgrundbesitzern erfolgt durch freie Vereinbarungen, die auf 5 Jahre geschlossen werden (Art. 12). Die den Bauern nach diesem Gesetz verbliebenen Gemeinweiden werden von Staatsingenieuren abgemessen und abgegrenzt (Art. 15). Die Letzteren, denen die Ausführung des Gesetzes oblag, hatten auch nach Möglichkeit die zersplitterten Parzellen zu arrondieren (Art. 16). Die Gutseigentümer behalten für sich alle Baulichkeiten, Dämme, Mühlen usw., die im Dorfe liegen. Die Bauern behalten das Recht, ihr Vieh in den Dämmen zu tränken, wenn sie zu deren Unterhaltung beitragen. (Art. 19 und 20). In Kapitel III und IV beschäftigt sich das Gesetz in 39 Artikeln mit der Art und Höhe des Ablösungsgeldes. Die Bauern haben in 15 Jahren als Entschädigung für die Befreiung von der Fronarbeit und den übrigen Lasten, nicht aber für den Erwerb des Landes zu Eigentum, folgende Summen in Francs zu leisten:

	in der gebirgigen Moldau:		im übrigen Lande:	
	jährlich	insgesamt in 15 Jahren	jährlich	insgesamt in 15 Jahren
Bauern mit 4 Ochsen	34,91 Frcs.	398,52 Frcs.	49,26 Frcs.	563,43 Frcs.
„ „ 2 „	27,06 „	308,20 „	37,26 „	425,37 „
Nichtspannfähige Bauern	19,22 „	209,28 „	26,48 „	302,22 „

Diejenigen Bauern, die bloß Garten- und Hausland bekommen, haben 12 Francs jährlich zu zahlen. Die Zahlungen sollten zusammen mit den Staatssteuern entrichtet werden. Die Gutseigentümer wurden direkt aus der Staatskasse durch auf den Inhaber lautende und übertragbare Obligationen, die mit 10 % verzinslich waren, entschädigt. Das Maximum lag bei der Entschädigung von 50 Fronbauern, die Liquidierung der Schuld sollte jährlich durch öffentliche Auslosung der Obligationen stattfinden. Für die hypothekarisch belasteten Güter wurden den Gläubigern Obligationen ausgehändigt. Der Fonds für die Liquidation stammte hauptsächlich aus den Entschädigungssummen der Bauern, aus den Reservevorräten — dort, wo die Bauern nach Reglement zur Versicherung gegen Mißwachs einen Teil ihrer Ernte an Mais auslieferten — und aus den Summen, die der Verkauf der Staatsgüter an solche Bauern ergab, welche nicht durch das Ablösungsgesetz Land bekommen hatten. In Kapitel V Art. 9 wird der Verkauf der Staatsgüter geregelt. Eine bäuerliche Familie konnte höchstens bis 12 pogons = 6 ha oder 5 falce = 7,16 ha für einen Preis von 120 Frcs. pro ha bekommen. Die volle Zahlung war in 15 Jahren zu leisten; dann konnte der Zahlungstermin um 15 Jahre verlängert werden.

e) Die Statistik und die Durchführung des Befreiungswerkes.

Die folgenden Tabelle[1] gibt die Zahl der Bauern an, die unter die Art. 2 und 3 des Agrargesetzes fielen, und die der Neuvermählten usw., denen erst im Jahre 1878 Land gegeben wurde.

	Zahl der Bauern mit 4 Ochsen	%	Zahl der Bauern mit 2 Ochsen	%	Zahl der nicht-spannfähigen Bauern	%	Zahl der neuvermählten Bauern usw.	%
Walachei . .	64 445	20,95	140 313	45,62	75 720	24,62	27 097	10,31
Moldau . . .	6 554	4,57	58 569	46,77	57 302	39,88	21 245	14,78
	70 999	15,73	198 882	44,08	133 022	29,48	48 342	10,71

60 651 Bauern im ganzen Lande erhielten bei der Befreiung nur Haus- und Gartenland.

Von der ersten Klasse, den größeren spannfähigen Bauern, den Fruntaschi, mit wenigstens 4 Ochsen wurden 70 999 mit Land ausgestattet, das sind 15,73 % von allen befreiten Bauern; sie bekamen im ganzen 409 890 ha. Am zahlreichsten waren sie in den Distrikten der unteren Walachei vertreten, und zwar in Jalomitza mit 45 %, Braila mit 43 %, Teleorman mit 23 %. In der Moldau war ihre Zahl bedeutend geringer, sie betrug so im Distrikt Roman 30, d. h. 0,27 %; nur in der südlichen Moldau waren sie zahlreicher, und zwar umfaßten sie in Covurlui 23 %, in Putna 15 %.

Von der zweiten Kategorie sind 198 882 Bauern, d. h. 44,08 % mit 934 978 ha befreit worden; sie waren im ganzen Lande ziemlich gleichmäßig verteilt.

Von der dritten Kategorie, den Palmaschi oder Codaschi, sind 133 022, d. h. 29,48 % mit 383 428 ha befreit worden, der größere Prozentsatz entfiel auf die Moldau, er betrug z. B. im Distrikt Dorohoi 54 %, im Distrikt Botosani 51 %, während die Walachei im Distrikt Braila nur mit 5 %, im Distrikt Jalomitza nur mit 9 % vertreten war.

Die Klasse der Bauern, die unter die Art. 2 und 3 des Agrargesetzes fielen und 1878 mit Land ausgestattet worden sind, zählte 48 342 Bauern, d. h. 10,71 % mit 2 228 328 ha; sie war in der Moldau stärker vertreten.

Ebenso war die Klasse derjenigen Bauern (i. g. 60 651), die nur Garten- und Hausland bekommen hatten, in der Moldau bedeutend zahlreicher: 66 % gegenüber 44 % in der Walachei. Sie bekamen im ganzen 12 066 ha.

[1] Siehe L. Colescu, La loi rurale de 1864 et la Statistique de paysans devenus propriétaires. Bucarest 1900. Veröffentlichung des Ackerbauministeriums.

Nicht alle Bauern wurden bei der Befreiung mit Land ausgestattet. Die genaue Zahl der Fronbauern im Jahre 1864 kennt man nicht. In der Walachei wurden 1859 308 116 Familienhäupter ermittelt. Die Zahl der Fronbauern in der Moldau wurde im Jahre 1855 auf 134 397 geschätzt; 5 Jahre vor der Befreiung gab es also im ganzen Lande ungefähr 442 513 Fronbauernfamilien. Die Zahl der 1864 mit der Scholle befreiten Bauern betrug 402 903 Familienhäupter: berücksichtigt man den Bevölkerungszuwachs von 1859 bis 1864, so bekommt man die Zahl von 455 000 Fronbauern für das Jahr 1864; rund 52 000 Familienhäupter blieben also ohne Land[1]. Dies wird durch andere Quellen noch klarer bezeugt. So gab es 1859 im Distrikt Putna[2] 26 692 bäuerliche Landwirte überhaupt, 1869 wurden unter den freien Bauern, den Razeschi, 13 688 bäuerliche Landwirte festgestellt; die Differenz ergibt 13 004 Fronbauern, während die Kommissionen 1865 nur 7593 Fronbauern, die durch das Ablösungsgesetz Eigentümer geworden sind, ermittelt haben; also ein Viertel der Fronbauern ist nicht einmal mit dem Hausland befreit worden. Während 1859 die Bauern hier 37 969 Falce zur Benutzung hatten, blieben ihnen 1864 nur 22 563 Falce, also beinahe die Hälfte weniger.

Im Distrikt Mehedintzi[3] in der Walachei wurden 1859 25 089 Fronbauern festgestellt, die Land zur Benutzung erhalten hatten; nach 5 Jahren, 1864, wurden von der Kommission bloß 21 708 Bauern ermittelt und klassifiziert, die mit der Scholle befreit wurden, ohne daß sich inzwischen etwas Außerordentliches ereignet hätte. Ebenso wurde im Distrikt Dorohoi[4] in der Moldau 1859 festgestellt, daß die Fronbauern 62 045 Falce zur Verfügung hatten, während nach der Bauernbefreiung nur 45 493 Falce angegeben wurden. Gegen früher bewirkte also die Bauernbefreiung eine Proletarisierung eines Teiles der Bauern und eine Verminderung des zu ihrer Benutzung stehenden Landes. Noch andere Übel brachte die Befreiung mit sich. In der Moldau, wo die bäuerlichen Nahrungen durch das Vorwerksland eingeschränkt wurden, blieben die Bauern nach ihrer Befreiung fast immer auf ihren früheren Stellen. In der Walachei hatte sich noch die „Wandelbarkeit" der Felder bis zur Bauernbefreiung erhalten. Der Gutsbesitzer verteilte hier jedes Jahr Land unter die Bauern, wo es ihm paßte und wie die Tecknik der Felderwirtschaft es verlangte. Im allgemeinen bekamen dabei die Bauern gutes

[1] Siehe L. Colescu, Op. cit. S. XVI und D. Martian, Analele statistice si economice, Jahrg. 1860.

[2] I. Jonescu, Monografia judetului Putna. 1869. S. 82 ff.

[3] I. Jonescu, Monografia judetului Mehedinti, Bucuresti 1868. S. 140 ff.

[4] I. Jonescu, Monografia judetului Dorohoi, Bucuresti 1866. S. 17 ff.

Land, weil ein Teil der Ernte in Natura dem Gutsbesitzer zufiel. Nach der neuen Ordnung hatte der Gutsbesitzer kein Interesse daran, daß die Bauern zu Eigentum gutes Land bekamen; im Gegenteil mußte ihm daran liegen, daß es schlechter sei, damit sie weiter auf ihn angewiesen blieben [1]. „Fast überall sind hier die Bauern von ihren Schollen versetzt worden, und man hat ihnen dafür selten Boden derselben Qualität zugewiesen. Im allgemeinen hat man ihnen dafür schlechten zugewiesen. Es gibt einige Dörfer, wo die Bauern das Ablösungsgeld zahlten, ohne das Land genommen zu haben, so schlecht war dieses. Es gibt wieder andere Dörfer, wo die neuen Stellen so schlecht waren, daß sie nicht das Saatgut wert waren und die Bauern sich gezwungen sahen, ihre alten Schollen, um sich überhaupt ernähren zu können, zu schwereren Bedingungen als die Fronarbeit in Vereinbarungen zu nehmen." Auch ist es vorgekommen, besonders auf Staatsdomänen, daß die Pächter die Bauern von den ihnen von den Kommissionen zugewiesenen Schollen vertrieben und selbst die Felder der Bauern abgeerntet haben [2].

„Man entriß den Bauern gegen den Geist des Gesetzes die Dorfflur und wies ihnen andres Land weit vom Dorf entfernt oder in anderen Dörfern zu. In einem Dorf hat man ihnen sogar die Brunnen mit Trinkwasser genommen und für deren Benutzung 12 Arbeitstage im Jahre verlangt." Überall in der Walachei ist Ähnliches vorgekommen. Für die Bauernrevolte von 1889 geben die militärischen Berichte u. a. als Grund an, daß „den Bauern bei der Befreiung das ärmste und unfruchtbarste Land zugewiesen worden ist" [3]. Ich habe selbst einen Fall in der Dorfgemeinde Bascovu Fleschti (Distrikt Argesch) erlebt, wo die Bauern 15 Jahre nach der Befreiung auf gerichtliche Klage des Pächters von ihren Schollen vertrieben wurden; dafür bekamen sie steinigen Boden. Solche Fälle werden auch aus der Moldau [4] berichtet, hier allerdings als Ausnahmen, während sie in der Walachei fast die Regel bildeten.

Ein andrer Nachteil für die Bauern war der, daß ihre Parzellen sich noch in der Gemengelage befanden, und oft gekreuzt von dem Grundbesitzerland, oft ganz weit von dem Wohnhause entfernt lagen, sodaß der Bauer den Weg durch das Eigentum des Grundbesitzers zu nehmen hatte. Auch dies

---

[1] I. Jonescu, Monografia judetului, Mehedinti, Bucuresti 1868. S. 150 ff.

[2] I. Jonescu, Monografia jud. Meh. S. 196 und 289.

[3] V. Kogalniceanu, Chestiunea Ţărănească. Anhang S. 14 u. 46.

[4] I. Jonescu, Monografia jud. Putna. Bucuresti. S. 436. — P. S. Radian, Monografia jud. Bacau. Bucuresti 1889. S. 392. — Monografiile Domeniului Coroanei, Domenial Sabasa Farkas, Distrikt Suceava. Bucuresti 1906.

fand sich meistens in der Walachei. Die Gemengelage ist im Laufe der Zeit durch Erbteilung, Verkauf, Dotierung noch schlimmer geworden. Ihre Folgen werden wir später kennen lernen.

Hier soll nur kurz die Art der Erbteilung besprochen werden. Bei den Rumänen herrscht seit Alters her die Realteilung. Allerdings pflegten die unfreien Bauern vor dem Eingreifen der Gutsherren die Töchter mit Geld abzufinden, und dies ist bis heute die Regel geblieben; die Söhne teilten sich das Land, der Jüngste nahm das Haus der Eltern. Dieser Sitte ist die rasche Mehrung der Bevölkerung und der Ansiedlungen zu verdanken; wenn das Land nicht ausreichte, wurden neue Dorfgründungen vorgenommen, und später erfolgte die Ansiedlung auf dem herrschaftlichen Land. Nach dem Eingreifen der Grundherren und unter dem organischen Reglement verblieb in der Regel der Grundbesitz nur einem Sohne, soweit die anderen Erben von ihrem oder einem andern Grundherrn mit Land ausgestattet werden konnten. Das Reglement bestimmte, daß alle verheirateten Männer ein Recht auf Land hätten, soweit es reichte und sie sich den Vereinbarungen fügten.

Wo das Land hierzu nicht ausreichte, vor allem im Gebirge, blieb es bei der Naturalteilung, die nach der Bauernbefreiung wieder die Regel wurde. Bei dem ausschließlich agrarischen Charakter des Landes, dem Verbot der Hypothezierung, der Beschränkung der Veräußerung des bäuerlichen Besitzes, der geringen Auswanderungslust der Rasse, sowie dem Geist des im Lande eingeführten französischen Code civil in Verbindung mit andern die Lage der Bauern erschwerenden Umständen, hat die Realteilung bei uns verhängnisvolle Wirkungen gehabt. Zur Illustrierung sei die infolge der Erbteilung eingetretene Zersplitterung des bäuerlichen Besitzes in der Gemeinde Merenii[1] de Sus im Distrikt Vlaschca dargestelt:

Bauern mit 4 Stück Vieh			Bauern mit 2 Stück Vieh			Nichtspannfähige Bauern mit Landbesitz			Nichtspannfähige Bauern nur mit Haus- und Gartenland		
Anzahl 1864	Anzahl 1904	heutiges Erbland durchschnittl.	Anzahl 1864	Anzahl 1904	heutiges Erbland durchschnittl.	Anzahl 1864	Anzahl 1904	heutiges Erbland durchschnittl.	Anzahl 1864	Anzahl 1904	ihr heutiges Erbland ha
		ha			ha			ha			
4	4	5,7055	8	8	4,0975	7	7	2,5105	4	4	0,1925
2	4	2,8526	8	16	2,0489	4	8	1,2551	1	4	0,0481
5	15	1,9017	19	57	1,3657	5	15	0,8367	2	10	0,0385
6	24	1,4263	23	92	1,6243	5	20	0,6277	1	7	0,0275
4	20	1,1411	18	90	1,0245	3	15	0,5020			
2	12	0,9508	7	42	0,6829	1	16	0,4184			
1	7	0,8150	8	56	0,5853	1	7	0,3598			
2	16	0,7150									

[1] Monografiile comunelor rurale din Jud. Vlasca Bucuresti 1902. S. 152.

Ein anderer Mangel des Gesetzes ist, wie schon gezeigt wurde, der, daß nicht alle Bauern mit Land dotiert worden sind. Die im Jahre 1864 Neuvermählten sowie die Bauern, die 1864 von den 2/3 des herrschaftlichen Landes keinen Boden bekommen konnten, wurden zwischen 1878 und 1881 mit Land ausgestattet. Es sind im ganzen 48 622 Familienhäupter, die 229 033 ha in Losen von 3, 4, 6 ha bekommen haben.

Auf Grund des Gesetzes von 1881 erhielten weitere 1717 Bauern 8 128 ha gegen bares Geld oder Renten und auf Grund der Gesetze von 1884 und 1886 wiederum 4 959 Bauern 23 070 ha. Die Lose waren 4, 6 oder 8 ha groß. Da aber der Staat mit diesem Verkauf fiskalische Zwecke verfolgte und der überlassene Boden bar bezahlt werden mußte, was die Bauern nur in geringem Maße leisten konnten, haben nicht sie von diesem Kolonisationsgesetz profitiert, sondern meistens Spekulanten und kleine Beamte.

Erst seit 1889 verfolgt der Staat eine planmäßige innere Kolonisation mit neuen Dorfgründungen. Die Bauern konnten nach dem Gesetz von 1889 auch größere Lose bis 25 ha erwerben, die sie im Laufe von 36 Jahren ratenweise abzuzahlen hatten. Dies Gesetz wurde 1892 und 1896 in dem Sinne geändert, daß die Bauern Lose nur bis 5 ha erwerben konnten, die sie aber in 60 Jahren zu bezahlen hatten. Nach diesen Gesetzen bekamen 1547 Bauern 20 441 ha in Losen von 10—20 ha, 102 830 Bauern 513 564 ha in Losen von 5 ha[1].

Hier ist der Platz, der Beurteilung des Gesetzes ein paar Worte zu widmen. Daß die Bauernbefreiung schlecht vollzogen wurde, ist leicht einzusehen.

Der größte Fehler des Gesetzes von 1864 und der darauf folgenden Kolonisationsgesetze ist der gewesen, daß keine Auslese der Bauern stattgefunden hat und daß man nicht folgerichtig danach gestrebt hat, eine Klasse von unabhängigen Bauern zu schaffen.

Das Gesetz war ein Bruch mit der Vergangenheit. Man hat den Bauer als Eigentümer betrachtet, während er vorher ein Pächter und Arbeiter gewesen war.

Sein Besitzrecht hatte sich deshalb verschlechtert, weil er mit der fortschreitenden Kompliziertheit der sozialen Organisation sich nicht mehr unabhängig erhalten konnte.

Die richtige Folgerung daraus wäre jetzt gewesen, wo der alte Zustand nicht mehr fortdauern konnte, „erst den Bauernstand durch Einführung des Eigentums erstarken zu lassen, ehe er die völlige Freiheit des Verkehrs ertragen“ konnte[2]. Zuerst

[1] V. Kogălniceanu, Legislația Agrară. Bucuresti 1902. S. 30 ff.

[2] G. Fr. Knapp, Die Bauernbefreiung und der Ursprung der Landarbeiter in den ältesten Teilen Preußens. Bd. II. S. 211.

hätte man die Verbesserung seiner Besitzrechte herbeiführen, ihm das Recht einräumen sollen, auf seiner Stelle zu bleiben und diese seinen Kindern zu hinterlassen, anderseits mußte man dem Gutsherrn verbieten, ihn aus seiner Stelle zu vertreiben. Man hätte also das lose Pachtverhältnis in ein Erbpachtverhältnis umwandeln sollen. Das Erbland mußte wenigstens für die spannfähigen Bauern so groß bemessen werden, daß eine bäuerliche Familie davon leben konnte. Durch die Erbpacht und durch die Beschränkung der Erbteilung konnte man die Änderung des Vererbungssystems, der Realteilung, in ein Anerbenrecht bewirken, wenn der Staat dafür gesorgt hätte, alle Gutsbesitzer zu zwingen, auf $^{2}/_{3}$ ihrer Güter Bauernstellen zu schaffen.

Auf seinen Domänen, die damals $^{1}/_{5}$ des Staatsterritoriums einnahmen, hatte der Staat Raum für eine gesunde und breitangelegte innere Kolonisation.

Parallel mit der Verbesserung der Besitzrechte und Vergrößerung der Bauernstellen mußte der Staat den Bauern durch Ermäßigung der Fronarbeit die Möglichkeit geben, ihre Stellen besser zu bewirtschaften und den spannfähigen Bauern das Recht einräumen, die Fronarbeit und die Abgaben in Geld abzulösen. Die kleinen Bauern konnte man bis zur Entstehung eines Tagelöhnerstandes noch in den alten Verhältnissen erhalten.

Das ist der Weg, den man in Preußen, dessen Agrarverhältnisse den rumänischen in vieler Beziehung ähnelten, wenigstens teilweise eingeschlagen hat. Er wäre imstande gewesen, gesunde Zustände zu schaffen.

Statt dessen hat man eine Klasse von Parzellenbesitzern von 1—5 ha geschaffen, die von ihrem Grundbesitz nicht leben konnten, die nachher ebenso wie früher auf den Großgrundbesitzer angewiesen blieben, wenn sie Land, Geld oder Holz brauchten. Um ihren Unterhalt zu gewinnen, müssen sie ihre Arbeitskraft verkaufen. Früher waren sie weiter nichts als ein „Kapital des Eigentümers". Jetzt sind sie alle, ob tüchtig oder untüchtig, ohne jedes Verständnis in Geldsachen auf eigene Füße gestellt und der Ausbeutung des auf ihre Arbeitskraft lauernden Pächters und Wucherers ausgesetzt.

Die große Schuld fällt auf die Klasse der Großgrundbesitzer, die sich auf keine verständige Vereinbarung mit der Regierung einlassen wollten, die unter Gefährdung der nationalen Existenz, sich von jeder Verpflichtung gegenüber den Bauern lossagen wollten, und in ihrem Klassendünkel und ihrer Skrupellosigkeit so weit gingen, nicht bloß die Bauern zu Pächtern zu erklären, sondern ihnen auch zu verbieten, auf Staatsgütern mehr als $1^{1}/_{2}$ ha in Erbpacht zu erwerben.

In zweiter Reihe ist die Regierung schuldig, weil sie die Reform nicht genug erwogen und sich mit einer Halbheit begnügt hat. Man hat zu viel Rücksicht auf die Interessen der Großgrundbesitzer genommen.

Es hat eine starke Regierung gefehlt, die als höchster Machtfaktor und sittliche Instanz bei einer solchen Reform nur die Interessen der Nation und des wirtschaftlichen Fortschritts unparteisch ins Ange hätte fassen müssen. Die Folgen, die sich hieraus ergaben, werden wir kennen lernen.

Die liberalen Patrioten und die Bauernfreunde haben bei dem Gesetz von 1864 in erster Reihe politische Ziele im Auge gehabt und weniger an die wirtschaftlichen und sozialen Folgen des Gesetzes gedacht. Sie wollten schnell dem Staate 3 800 000 freie Bürger schaffen, die Grundbedingung der Modernisierung des Landes. Ohne dieses Gesetz hätte nie ein Fürst aus den regierenden Familien Europas den Thron Rumäniens besteigen können, ein hochwichtiger Pnnkt in der neuesten Geschichte Rumäniens.

V. Die Agrarentwicklung nach der Bauernbefreiung.

a) Der Großgrundbesitz, seine Bewirtschaftungsformen und die Arbeitsverhältnisse.

Der Wegfall des Frondienstes trifft in eine Periode, in welcher der Getreidehandel durch die hohen Getreidepreise in großem Aufschwung begriffen war.

Die Getreidepreise betrugen in Francs 1860[1] pro Hektoliter:

	Qualität III.	II.	I.
für Weizen . .	5,90.	11,23.	13,65.
„ Mais . . .	7,40.	7,92.	8,45.

Nach 11—12 Jahren sind die Getreidepreise in Francs pro Hektoliter, wie folgt[2]:

		Qualität III.	II.	I.
1871	Weizen . .	9,40.	14,25.	18,25.
	Mais . . .	7,27.	9,40.	10,34.
1872	Weizen . .	13,45.	17,05.	20,50.
	Mais . . .	8,70.	9,75.	12,00.

Dabei sind inzwischen 1863 die Getreideausfuhrzölle abgeschafft worden.

[1] D. Martian, Analele stat. si econ. Jahrg. 1860.
[2] M. G. Obédénare, La Roumanie économique. Paris 1876. S. 90.

Die Bauernbefreiung brachte eine Störung in den Produktionsverhältnissen. Die Bauern weigerten sich im Sommer 1864, die Frondienste zu leisten. Sie erwarteten sogar, daß sie auch vom Ablösungsgeld befreit würden.

Es waren von der Gesamtfläche[1] des Landes in Anbau genommen:

1863	19,17 %	1867	19,90 %
1864	20,09 „	1868	19,26 „
1865	19,10 „	1869	20,28 „
1866	18,24 „		

Also erst 1869 ist das alte Verhältnis wieder hergestellt worden. Das erste Bestreben der Gutsbesitzer nach der Bauernbefreiung war, sich Arbeitskräfte zu verschaffen und diese möglichst an sich zu ketten. Dies gelang den moldauischen Gutsbesitzern leichter. Durch die Entschädigungsgelder wurden die dortigen Gutsbesitzer noch reicher, während die Bauern, die hier schon früher den Gutsbesitzern stark verschuldet waren, dadurch noch mehr belastet wurden. Das Ablösungsgeld mußte zugleich mit den Steuern entrichtet werden, was die Last noch schwerer machte. Auch war das Ablösungsgeld nach Schätzung aller zu hoch. Außerdem hatten die moldauischen Bauern nicht genug Kapital, um ihr Land kultivieren zu können. Wie die Statistik des Befreiungswerkes zeigt, waren die spannfähigen, unabhängigen Bauern hier am wenigsten vertreten, zahlreicher waren diejenigen, die nicht genug oder gar kein Land zur Ernährung hatten. Rechnet man noch die Bauern hinzu, die gar kein Land bekommen haben, und die neuen Generationen, denen später Land zugewiesen worden ist und bedenkt man, daß unter der Menge derjenigen, die mit einem Schlage Eigentümer geworden sind, sehr viele dazu ungeeignet waren, so kann man sich einen Begriff davon machen, in welch ungünstiger Lage sich die Bauern nach der Befreiung befanden. Dem Geldbedürfnis der Bauern kamen die moldauischen Gutsbesitzer gerne entgegen und verpflichteten sich die Arbeitskräfte der Bauern auf lange Zeit. Es kam noch hinzu, daß gerade in den Jahren nach der Befreiung, 1864 und 1865, das Land unter Mißwachs litt; in der nördlichen Moldau herrschte sogar Hungersnot. So groß war die Geldnot der Bauern, daß I. Ionescu bei einer Enquete ein Dorf trifft, wo „die Einwohner sehr schlecht leben, weil die Pächter oft wechseln und ihnen deswegen kein Geld vorschießen können[2].“ Er sagt auch an andrer Stelle, daß „niemand so wie die Gutsbesitzer und Pächter daran interessiert ist, die Bauern in einem fort-

---

[1] C. E. Crupenski si Gr. Turburi Asupra agriculturei române. Bucuresti 1895.

[2] I. Jonescu, Monografia jud. Dorohoi. Bucuresti 1866. S. 460.

währenden Geldmangel zu erhalten, weil sie dann gezwungen sind, ihre Arbeitskraft für nichts zu verkaufen." „Die Not ist so groß, daß kein Pächter und Gutsbesitzer übrig geblieben ist, der sich nicht durch Vorschußzahlung die Arbeitskräfte für viele Jahre vorher gesichert hätte. Die Bauern sind so in Schulden geraten, daß sie sogar die Hoffnung aufgegeben haben, je die Schuld zurückzahlen zu können. Fälle aus verschiedenen Ortschaften zeigen, daß der Mensch mit seiner Arbeitskraft nicht imstande ist, in einem Jahre die Zinsen der Schuld zu zahlen[1]." I. Ionescu fand einen Fall in der Gemeinde Adjudul-vechi, wo die Bauern sogar in einem guten Jahr brotlos geworden sind, weil ihnen wegen der vielen Arbeit, die sie für die Zinsen der Schuld dem Pächter leisten mußten, keine Zeit für die Feldarbeit auf ihren eignen Schollen geblieben ist." Auch die ehemals Freien, die Razeschi, verkauften für Geld ihre Arbeitskraft im voraus. So erzählt I. Ionescu einen Fall aus der Gemeinde Naneschti Putna, wo 33 Raseschi 1500 Galbeni, ungefähr 18000 Frcs., von einem Pächter geliehen haben; dafür zahlten sie als Zins Arbeitsdienste, die nach den örtlichen Arbeitspreisen 750 Galben wert waren[2]. Zur Illustrierung seien zwei Verträge für ländliche Arbeiten aus jener Zeit angeführt: Die Bauern der Gemeinde Cocoreni im Distrikt Botoschani verpflichteten sich, 1876—77 dem Herrn P. für gewisse Arbeitsdienste mit ihrem Vieh und Wagen, wann dieser sie brauchte; jeder, der 2 Zugochsen besaß, hatte eine Falce zu pflügen, zu säen und zu eggen. Jeder verpflichtete sich, wenn der Herr P. Pflüger brauchte, selbst 10 Tage als Pflüger zu arbeiten, oder dafür einen Mann zu stellen. Ebenso verpflichtete sich jeder, 28 Tage von Sonnenaufgang bis zum Sonnenniedergang mit Gespann oder mit den Händen, wie er könne, bei Reparaturen, Transporten, schließlich bei allem, was das landwirtschaftliche Interesse des Gutes verlange, und 20 Tage an der Dreschmaschine zu arbeiten. Im ganzen war jeder verpflichtet, 55 Arbeitstage zu leisten, eine Falce = $1^1/_2$ ha, zu pflügen, zu säen und zu eggen, eine Falce Mais zweimal zu behacken und zu gäten, dann abzuernten und die Ernte und die Stengel zur Scheune zu bringen, anderthalb Falce jeder Getreideart auszuernten und eine Falce Heu auszuschneiden[3].

Bibicescu macht folgende Aufstellung.

Es wird bezahlt:

---

[1] I. Jonescu, Monografia Jud. Putna. Bucuresti 1869. S. 99 ff.

[2] Ebenda S. 443 ff.

[3] Bibicescu Cât sufer tăranii (Wieviel die Bauern leiden). Bucuresti 1882.

pro Falce = 1,43 ha

Nach Vertrag:		Die Normalpreise waren:
12 Frcs.	für Pflügen	48 Frcs.
32 „	„ zweimal Behacken	58 „
16 „	„ Heumähen . . .	34 „
12 „	„ Heuernten . . .	20 „
0,40 „	„ einen Pflugtag.	
1 „	„ „ Gespannarbeitstag.	

Die Normalpreise scheinen von Bibicescu allerdings etwas hoch berechnet zu sein. In der Gemeinde Voinesti im Distrikt Vaslui verpflichtete sich eine Gruppe von Bauern als Zins für das geliehene Geld bestimmte Arbeiten zu leisten; der Zins für einen Galben betrug 11,85 Frcs. Anstatt der Zinszahlung ging der Bauer die Verpflichtung ein, 2 Prajini = 358 qm zweimal zu behacken und den Mais abzuernten, 2 Prajini abzumähen und 6 Prajini abzuernten und die Produkte in die Scheune zu bringen. Bei allen diesen Arbeiten mußten sich die Bauern noch selbst verpflegen. Wenn sie mehr arbeiteten als der Zins ausmachte, so wurden ihnen pro Falce 20,40 Frcs. angerechnet, während der Normalpreis 32 Frcs. betrug. „Wenn wir aber bis zum 15. September 1877 das Kapital nicht zurückzahlen können, wird uns die Frist noch 6 Monate verlängert, und zwar bis zum 15. März 1878 und als Zins dafür haben wir im Sommer des Jahres 1878 die oben angezeigten Arbeitsdienste zu leisten, und der Eigentümer E. B. behält das Recht, aus unserm Hab und Gut sich zu entschädigen. Der ganze Schaden und die Ausgaben, die daraus entstehen, treffen uns.“ So hatten die Bauern als Zins für einen Galben, Arbeit im Wert von 2 Galben zu leisten. Der Vertrag ist am 15. März 1877 geschlossen. Die Bauern haben 1877 und 1878 gearbeitet, und die Schuld ist gewachsen. Sechs Bauern hatten noch 1880 für 2763,50 Frcs. geliehenes Geld Arbeiten im Wert von 3925 Frcs. als Zins und Restgelder zu leisten. Dies sind typische Verträge aus jener Zeit. Man wird sich fragen, wie konnte der Bauer solche Verpflichtungen eingehen? Darauf gibt es nur eine Antwort: Wenn der Mensch hungert, kann er nicht mehr rechnen, am wenigsten der Bauer.

Nach der Befreiung sind die Arbeitspreise auf dem Lande bedeutend gewachsen aus dem einfachen Grunde, weil durch die Befreiung viele Elemente, die früher Fronarbeit leisteten, dies jetzt nicht mehr brauchten, darunter die größeren Bauern, sowie andere äußerst tüchtige Elemente, und weil die Gutsbesitzer bestrebt waren, die kultivierte Arealfläche auszudehnen. Aus diesem Grunde suchten sie aber auch, die von ihnen wirtschaftlich abhängigen Bauern möglichst auszunutzen, das heißt zu zwingen, viel und billig zu arbeiten.

Die Gutsbesitzer verlangten gleich nach der Bauernbefreiung

ein Gesetz, das die Erfüllung der durch das Ablösungsgesetz entstandenen neuen Verpflichtungen der Bauern regeln und sichern sollte. Das Gesetz kam erst 1866 zustande und wurde in ziemlich liberalem Sinn verfaßt. Es galt für alle ländlichen Arbeiten „jeder Natur"; genauer wurden diese nicht bestimmt. Nach Art. 4 darf kein Arbeitsvertrag länger als auf 5 Jahre geschlossen werden. Die Verträge sollen in das Gemeindebuch eingetragen werden. Die Klagen, die aus der Nichterfüllung der Vertragsbedingungen entstehen, werden vom Gemeinderat entschieden (Art. 12). Die Gemeindeverwaltung ist verpflichtet, die „bäuerlichen Arbeiter", wenn sie säumig werden, zu „mahnen", d. h. sie zu prügeln und zu zwingen, die Vertragsbedingungen zu erfüllen (Art. 13). Der Dorfvorsteher, der dieser Verpflichtung nicht nachkommt, wird mit 50—100 Frcs. bestraft. Wenn der „Schuldner" nicht die Arbeiten, zu denen er sich verpflichtet hat, leistet, soll die Gemeindeverwaltung „zwei andere Leute, ohne Rücksicht auf den Lohn", an seine Stelle setzen. Der Lohn für diese wird aus dem Hab und Gut des „Schuldners" bezahlt. Nur wenn ihn Umstände, die von seinem Willen unabhängig sind, verhindern, seinen Verpflichtungen nachzukommen, hat er bloß das geschuldete Geld zurückzuzahlen. Die Pächter und Gutsbesitzer mißbrauchten die Vertragsfreiheit und verpflichteten sich die Arbeitskraft der Bauern für alle möglichen Arbeiten in wucherischer Weise. Das 1872 umgeänderte Gesetz räumt dem Gemeinderat das Recht ein, die Eintragung solcher Verträge zu verweigern, die die Arbeitskraft der Bauern übermäßig in Anspruch nehmen. Es werden genauer die ländlichen Arbeiten, über welche Verträge geschlossen werden dürfen, bestimmt, und zugleich wird Rücksicht auf die besonderen Verhältnisse in der Walachei genommen. Anderseits verschärft dies Gesetz die Exekution des „Arbeiters". Der Arbeiter kann, wenn er trotz der Ermahnung durch den Gemeinderat seinen Verpflichtungen nicht nachkam, dazu „manu militari" gezwungen werden.

Die Landarbeiterverhältnisse wurden außerdem durch andere Umstände verschlimmert. In den Distrikten der nördlichen Moldau blieben die Gutsbesitzer noch immer im Besitz des Getränkeverkaufs. Der Bauer verkaufte hier seine Arbeitskraft gegen Getränke. Er bekam die Getränke usw. auf Kredit, so daß bei der Abrechnung im Herbst für die geleistete Arbeit nichts mehr von seinem Lohn für ihn übrig blieb[1]. Zugleich wurde hierdurch der Bauer zum Alkoholgenuß verleitet. Heute noch wütet der Alkoholismus besonders in der nördlichen Moldau, die Bauern fallen dem „jüdischen Dorfwirte" zum Opfer. Von diesem kauften die Gutsbesitzer oft ihre Arbeitskräfte, wie sie

[1] M. Kogalniceanu in der Kammersitzung vom 18. Mai 1882. Siehe auch Desbaterile adunărilor deputatilor.

auch die ihnen verpflichteten Arbeitskräfte der Bauern untereinander zum Verkauf brachten[1]. Ebenso überwies ein Pächter, wenn er wegzog, dem nachfolgenden die ihm schuldig gebliebenen Arbeitsleistungen der Bauern. „Dieser Anklang an die Sklaverei ist sogar durch das Gesetz, betreffend die Verträge über die landwirtschaftlichen Arbeiten von 1882 (Art. 8, 2), anerkannt.“ Wenn ein Pächter seinem Nachfolger die schuldigen Arbeiten der Bauern nicht verkaufen kann, dann „überschwemmt er das Dorf mit Klagen und läßt die Habseligkeiten der Leute pfänden und verkaufen. Der neue Pächter präsentiert sich alsdann als Retter; es gelingt ihm, einen Vertrag für eine neue Periode zu schließen[2].“ Der Abgeordnete Ciupercescu erklärte in der Kammersitzung vom 18. März 1882, daß auf seinem verpachteten Gute ein Pächter die Bauern für Schulden mit 60prozentiger Verzinsung wegen Verzugs der Zahlung gerichtlich verfolgen ließ[3].

D. Sturdza, der heutige Ministerpräsident, erklärte in der Sitzung des Senats vom 27. April 1882: „Nichts ist schrecklicher als das Wort, das der Dorfvorsteher dem Großpächter sagt: „Wenn Sie Arbeitskräfte brauchen, trete ich Ihnen die mir verkaufte Arbeitskraft ab.“ Im allgemeinen waren in 10—15 Jahren nach dem Ablösungsgesetz fast alle Bauern in der Moldau für Jahre im voraus mit ihrer Arbeitskraft verpflichtet. „Das nimmt den Bauern das Interesse an der Arbeit, führt den Gutsbesitzer zur Erschlaffung und beraubt ihn der Kapitalien, die ihm selbst von dem Wucherer zur Verfügung gestellt werden, es ist schlimmer als zur Zeit der Fronarbeit. Damals war die Fronde gemessen, heute ist sie eine ungemessene und erdrückende,“ so erklärt Sturdza weiter. Er fügt hinzu, daß die Bauern, die für Schulden arbeiten, sehr schlecht arbeiten, und führt einen Fall an, daß ein Gutsbesitzer, Fürst Moruzi, die Verbesserung seiner Gutswirtschaft dadurch erreicht hat, daß er den Bauern die Schuld erlassen hat. Die Bauern fliehen aus Verzweiflung, um sich zu retten; in allen ländlichen Verträgen jener Zeit werden die vertragschließenden Bauern verpflichtet, für diejenigen zu arbeiten, die geflohen sind[4]. In einem Vertrag auf den Gütern Bozieni und Ruginoasa wird folgendes festgesetzt: „Falls ein Gesetz kommt, das teilweise oder ganz das bisherige Gesetz der ländlichen Verträge modifiziert, wird jenes Gesetz für uns bis zum Ablauf und der Erfüllung aller Rückstände (die von einem Jahr für das andere bleiben) keine Anwendung finden.“ Die liberale Regierung entschließt sich 1882, das Gesetz über

---

[1] Bibicescu, Op. cit. S. 49.
[2] I. Campiniu, Asupra stărei sociale a tăranilor români. Braila 1872. S. 7.
[3] Des baterile adunărilor deputatilor 1882, Nr. 76 u. f.
[4] I. Bidicescu, Op. cit. S. 56.

die ländlichen Verträge umzuändern. Es wird hierbei den Bauern insoweit entgegengekommen, daß die Vertragsfrist auf zwei Jahre festgesetzt wird und diese für ein Jahr noch verlängert werden kann; die Gutsbesitzer dürfen also nur für zwei Jahre im voraus die Arbeitskraft der ländlichen Arbeiter für das vorgeschossene Geld verpflichten. Die Übertragung oder der Verkauf des Vertrags von einer Person an die andere wird darauf beschränkt, daß der Vertrag bloß dem nachfolgenden „Betriebsführer" eingeräumt werden darf. Die Schulden, die aus anderen Geschäften, wie Getränkeverkauf usw. entsprungen sind, können von jetzt an nicht mehr in Arbeitskraft umgesetzt werden. Es gab früher Verträge, durch die der Bauer dem Gutsbesitzer seine Arbeitskraft im voraus verkaufte, weil dieser für ihn die Steuern bezahlte. Der Gutsbesitzer konnte den Bauern, nicht aber der Bauer den Gutsbesitzer zwingen, solche Verpflichtungen zu erfüllen [1]. Ebenso wird durch das Gesetz die solidarische Haftbarkeit der Bauern, die Arbeitsverpflichtungen der Geflohenen zu erfüllen, abgeschafft. Die Bauern wurden dadurch betrogen, daß sie die Bedeutung dieser Worte nicht verstanden, und gewissenlose Pächter nutzten sie aus. So fragten in einem Fall die Bauern einen Pächter, was Solidarität sei; dieser antwortete: „Das heißt, daß wir brüderlich leben"; hierauf antworteten die Bauern mit einem „Hoch". Nach einem Jahr wurden sie gerichtlich verfolgt für Sachen, die sie nichts angingen [2]. Weil aber der Bauer mit Arbeitsverpflichtungen so belastet war, daß, wie der rumänische Staatsmann P. Carp in der Kammersitzung vom 18. Mai 1882 sagte, „er bloß mit der Arbeitskraft nicht imstande ist, seine Arbeitsreste zu leisten", wird ihm der Weg eröffnet, die Reste der Arbeit, die im folgenden Jahr zu leisten waren, in Geld zu bezahlen. M. Kogalniceanu erklärt, „ich kenne Hunderte von Dorfgemeinden, wo diese Reste sehr groß sind und die Arbeitslöhne mit 5 Jahren im voraus bezahlt werden." Ein anderer Abgeordneter gestand in der Beratungskommission: „Ich weiß nicht, wie es kam, als ich Pächter war, gab ich dem Bauern Geld im Winter, dieser arbeitete das ganze Jahr, und am Schlusse desselben blieb er doch noch etwas schuldig, oft mehr als am Anfange." Dem infolge der Inanspruchnahme der Arbeitskraft der Bauern durch die Grundbesitzer drohenden Verfall der bäuerlichen Wirtschaften, sucht das Gesetz durch die Bestimmung Abhilfe zu beschaffen, daß dem Bauern in der Woche zwei Tage verbleiben sollten, an denen er zur Arbeit bei dem Gutsbesitzer nicht herangezogen werden dürfe. — Die Urbarien regulierten früher, an wie viel Tagen im Jahre der

---

[1] J. Campiniu, Op. cit. S. 13.
[2] Ebenda.

Bauer für den „Herrn“ zu arbeiten hatte. Jetzt wird reguliert, wie viel Tage er in der Woche nicht zu arbeiten braucht. Inzwischen bewirkten aber andere Umstände mehr wirtschaftlicher Natur eine Veränderung in der Lage der Großgrundbesitzer, im Arbeitsverhältnis und im landwirtschaftlichen Betrieb der Moldau.

Nach der Ablösung sank mit der Steigerung der Löhne der Wert des Grund und Bodens und damit der Pachtpreis; so ward ein Gut vor der Ablösung mit 1200 Galben verpachtet, nach dieser bloß mit 800 Galben[1]. Das dauerte aber nicht lange. Die Gutsbesitzer sind deshalb bestrebt, die kultivierte Arealfläche auszudehnen. Zahlen sollen hierfür später bei der Darstellung der Zustände in der Walachei gegeben werden; vorläufig genügt es zu sagen, daß die bewirtschaftete Fläche in den drei nördlichen Distrikten der Moldau im Jahre 1865 149 680 ha und im Jahre 1905 337 600 ha groß war.

Die moldauischen Gutsbesitzer bleiben noch immer an der Spitze der Kultur und leisten dem landwirtschaftlichen Fortschritt durch Einführung verbesserter Maschinen, durch Anwendung guten Saatguts und durch Veredlung der Viehrassen große Dienste[2]. Im Distrikt Botoschani gab es folgendes Maschinenmaterial:

	1865	1905
Dreschmaschinen . . .	10	160
Entkörnungsmaschinen .	4	76
Mähmaschinen	6	487

In den drei nördlichen Distrikten der Moldau waren 1905 250 Maschinen zur Auslese des Saatguts und 83 Säemaschinen, 1865 dagegen keine Maschinen derart vorhanden[3]. Bis heute ist der Großbetrieb in lobenswertem Zustande trotz vieler ungünstiger Momente, wie Verschuldung, Sinken der Getreidepreise und fortschreitender Pachtwirtschaft.

Von der Naturalteilung unter die Erben wird jetzt weniger, von der unbeschränkten Veräußerungsfreiheit des Großgrundbesitzes mehr Gebrauch gemacht. I. Jonescu klagt 1869[4], daß viele Bojarengüter in die Hände von bürgerlichen Elementen, darunter in die vieler Fremden, gefallen sind. Hand in Hand damit geht in der Moldau eine wachsende Verschuldung. Bei dem Mangel an Kapital zahlt man 12—18 % hypothekarische Zinsen. Allgemein sind die Klagen, besonders in der

[1] I. Jonescu, Monografia Jud. Dorohoi S 344 und Putna S. 709.
[2] M. G. Obédénare, La Roumanie économique. Paris 1876. S. 83.
[3] Dare de seama (Berichterstattung) a camerei de comerciu din Botosani 1906. S. 36 ff. und 96 ff.
[4] I. Jonescu, Monografia Jud. Putna 1869. S. 197.

Moldau schon anfangs der 70er Jahre; wegen der Kreditnot waren die Güter „depreziirt und verschuldet“ [1]. Auf Drängen der Interessenten wird 1873 in Bukarest eine staatlich privilegierte hypothekarische Kreditanstalt — Creditul funciar rural — für den ländlichen Großgrundbesitz gegründet. Damals schätzt man, wie der Berichterstatter des Gesetzes, E. Epureanu, nach seinen Aufzeichnungen mitteilt, die auf dem rumänischen Großgrundbesitz lastende Schuld auf 200 Mill. Frcs., ohne Berücksichtigung der schwebenden Schuld. Nach der Gründung der Anstalt nimmt der Bodenwert zu. Man rechnet als Bodenertrag 1878 nur 4—5 % des Bodenwertes gegen 7—8—9 % vordem [2]. Die Verschuldung ist seit Begründung der Anstalt ständig gewachsen. Sie erreichte

im Jahre	1881	60 810 810	Frs.
„	1890	134 314 474	„
„	1895	199 162 520	„
„	1900	259 082 090	„
„	1905	288 130 305	„
„	1908	385 000 000	„

Im Jahre 1900 lasteten auf dem Großgrundbesitz 133 948 695 Frs. zinstragende Privathypotheken, die Zinsen im Werte von 13 069 651 Frs. erforderten [3]. An die hypothekarische Kreditanstalt zahlte der verschuldete Großgrundbesitz 1905 13 025 662 Frs. Zinsen. Der Großgrundbesitz bleibt in der Moldau höher verschuldet als in der Walachei. 1892 klagt der Abgeordnete Ressu, ein moldauischer Grundbesitzer, in der Kammersitzung vom 3. Mai über die „traurige Lage der verschuldeten Großgrundbesitzer der Moldau“.

Mit dem Kapitalmangel der Großgrundbesitzer verbanden sich andere Umstände, die einigermaßen, wenn auch nicht für lange Zeit, die große Abhängigkeit der Bauern von den Großgrundbesitzern in der Moldau milderten. Die Bauern hatten in den 15 Jahren nach der Ablösung nicht ganz die Entschädigung zahlen können, aber den größten Teil mit der „guten“ Hilfe der Großgrundbesitzer doch bezahlt. Die Frist wurde ihnen noch 1885 verlängert; es wurden jährlich entrichtet [4]:

---

[1] M. G. Obédénare, Op. cit. S. 86—87.

[2] Darea de seama (Bericht) a consiliului de administratie al primei societati de credit funicar român pe anul 1905. Bucuresti 1906.

[3] D. S. Nenitescu, Sarcinile (Lasten) Proprietătei rurale. Buc. 1901. Tab. II und I, S. 11 und 16.

[4] L. Colescu, Op. cit. S. 28.

1865—66	14 187 867	Frs.	1883—84	966 103	Frs.
1867	5 346 275	„	1884—85	511 120	„
1868	7 777 520	„	1885—86	430 462	„
1869	8 552 041	„	1886—87	421 015	„
1870	7 908 794	„	1887—88	321 974	„
1871	8 868 391	„	1888—89	234 233	„
1872	11 567 430	„	1889—90	240 653	„
1873	11 009 657	„	1890—91	36 402	„
1874	10 053 693	„	1891—92	4 518	„
1875	10 039 025	„	1892—93	13 358	„
1876	8 324 629	„	1893—94	13 182	„
1877	6 755 928	„	1894—95	11 839	„
1878	5 961 468	„	1895—96	6 434	„
1879	5 445 071	„	1896—97	15 823	„
1880—81	7 531 981	„	1897—98	6 928	„
1881—82	2 311 366	„	1898—99	5 612	„
1882—83	1 878 575	„			

Nach 1880 sind die Summen nur noch geringfügig, in der Moldau wahrscheinlich ganz verschwindend. Der Bauer braucht nicht in so großem Maße wie früher seine Arbeitskraft dem Großgrundbesitzer zu verkaufen. Dies, verbunden mit dem Umstand, daß die fortschreitende Verkehrswirtschaft eine Ausgleichung der Lohnsätze bringt, und daß anderseits der Bauer für seine Schulden nur schlechte Arbeit leistet, zeitigt in der Moldau das Streben nach dem System: „bares Geld für bare Arbeit". „Wo die alten Gewohnheiten verschwinden, weist der moralische und wirtschaftliche Zustand der Bauern einen beträchtlichen Fortschritt auf. Der Bauer wird einsichtig in seinen Geschäften, sparsam und nüchtern. Eine Arbeit, die heute bezahlt wird, um nach ein paar Jahren geleistet zu werden, erscheint als Zwangsarbeit," so erklärte der rumänische Politiker Rosetti Țețcanu in der Kammersitzung vom 3. Mai 1892. Die Lohnpreise für landwirtschaftliche Arbeiten haben die Tendenz, fortwährend zu steigen.

1887 werden in der Moldau folgende Arbeitspreise bezahlt[1]:

		von gutgesinnten Gutsbesitzern		von schlechtgesinnten Gutsbesitzern	
Ausernten	pro Falce	24	Frs.	14—16	Frs.
Maisbehacken	pro Falce	30—40	„	30	„
Pflügen	pro Falce	24	„	14—16	„
Sonstige Handdienste pro Tag		0,75	„	0,25—0,50	„

Im Vergleich zu den oben angegebenen Preisen aus dem Ende der 70er Jahre kann man sagen, daß besonders die Minimalpreise gestiegen sind. Im allgemeinen verkauft aber

[1] A. Dabija, Starea sateanului român (Die Lage des rumänischen Bauern). Jassi 1887. S. 12.

der Bauer seine Arbeitskraft schon im Winter dem Gutsbesitzer, und dann um 25—50 % billiger als im Sommer[1].

Auch handelspolitische Vorgänge tragen dazu bei, die Lage der Großgrundbesitzer zu erschweren. Der allgemeine Preisdruck im Getreidehandel infolge der internationalen Konkurrenz und die dadurch hervorgerufenen Getreidezölle unserer Importländer, Deutschland und Österreich-Ungarn, machten sich bei uns besonders Ende der 70er Jahre fühlbar. Die Getreidepreise gestalteten sich in Braila wie folgt[2]:

Weizen.

Gewicht in Libren:		Preis pro Hektoliter:
1885	60—62	12,00—15,50 Frs.
1886	61—62	12,50—13,00 „
1887	60—63	11,80—13,50 „
1888	62—63	12,14—13,20 „
1889	60—61	11,60—12,00 „
1890	60—63	12,70—13,65 „

Mais.

1885	58—60	6,96—7,50 „
1886	59—62	6,80—8,00 „
1887	62—63	6,90—7,35 „
1888	56—61	7,90—8,10 „
1889	60—61	6,90—7,30 „
1890	61—72	8,80—8,40 „

Die Getreidepreise sind also gegen diejenigen von 1871 bis 1872 bedeutend gesunken. Ein Zollkrieg mit Österreich-Ungarn in den Jahren 1886—1891 erschwerte die Getreideausfuhr dorthin und brachte den Verlust der Viehausfuhr mit sich, der um so mehr fühlbar war, als die moldauischen Gutsbesitzer eben reich an Viehbesitz waren. Das Fallen der Getreidepreise wurde allerdings durch Vervollkommnung und Verbilligung der Transportmittel teilweise ausgeglichen. 1870 hatte Rumänien nur 70 km Eisenbahnen, 1903 waren es 3179 km. Der Bau dieser Bahnen sowie die wachsenden Aufgaben des modernen Staates brachten 1873 eine Erhöhung der Sätze der Grundsteuer von 3 % des jährlichen Nettoertrags auf 5 % für selbst bewirtschaftete Güter, 6 % für verpachtete Güter, deren Besitzer im Lande, und 12 % für solche, deren Besitzer im Auslande wohnen.

---

[1] Das wird von allen Monographien der Dorfgemeinden, die bis jetzt von dem Ministerium des Innern veröffentlicht werden, angegeben; meistens sind diese von Dorflehrern, Pfarrern, Studenten geschrieben.

[2] J. C. Baicoianu, Câte-va cuvinte asupra politicei noastre vamale si comerciale (Über unsere Zoll- und Handelspolitik). Bucuresti 1902. S. 32—33.

All die oben genannten Umstände, die unglücklicherweise ziemlich gleichzeitig zwischen 1875 und 1885 eintreten, rufen Ende der 80er und Anfang der 90er Jahre eine Krisis hervor, die in der Moldau von den Großgrundbesitzern schwer gefühlt wird, in der Walachei, wie wir bald sehen werden, dagegen nur von den Bauern. Die Anpassung an die neuen Verhältnisse geschieht dadurch, daß die moldauischen Großgrundbesitzer mehr Land unter den Pflug nehmen, die Viehzucht wenn auch nicht ganz aufgeben, so doch nur für Betriebszwecke beibehalten. In den drei Distrikten der Nordmoldau gab es 1865 152000 ha natürliche Wiesen, 1905 nur noch 80000[1]. Um sich Arbeitskräfte zu beschaffen und ihre Ländereien auszunutzen, verpachten die Großgrundbesitzer immer mehr Parzellen an Bauern. Diese Verpachtung von kleinen Parzellen an Bauern, die zuerst eine Ausnahme war, greift gegen die 90er Jahre immer mehr um sich. Die Bauern spüren früh Bodenmangel infolge der Zerstückelung der eigenen Schollen durch Erbteilung. Deshalb und vielleicht auch durch den Wegfall der Viehausfuhr werden sie bewogen, die Gemeindeweide zu teilen — was übrigens Einstimmigkeit der Gemeindegenossen voraussetzt — und unter den Pflug zu nehmen. Heute sind die Gemeindeweiden fast überall geteilt. Das wenige Vieh, das die Bauern hier halten, lassen sie bei dem Gutsbesitzer weiden; dafür vereinbaren sie mit diesem eine Vergütung in Geld oder Arbeitsleistungen. Die Bodenpreise steigen immer mehr, wie später näher erörtert wird. Die Landnot unter den Bauern wächst im Verhältnis mit den Schwierigkeiten des Großgrundbesitzes, dem Kapitalmangel, den zunehmenden Lasten, dem Sinken der Getreidepreise und der Unmöglichkeit, den Betrieb weiter auszudehnen. Wo es an persönlicher Tüchtigkeit nicht fehlt, geht man auch zur Einführung der Maschinen über. In den allermeisten Fällen aber ziehen die Großgrundbesitzer es vor, einen immer größeren Teil ihrer Güter zu verpachten, um hierbei gute Preise zu erzielen und sich leicht Arbeitskraft zu verschaffen. Die Pachtpreise der Parzellen wachsen mit der bedrängten Lage der Bauern infolge der Zerstückelung des Bodens, der Steuerlast und aus anderen Gründen. In den 80er Jahren waren die Pachtpreise pro Falce 15—25, höchstens bis 70 Frcs., heute betragen sie 40—100 Frcs., ja sogar 120 Frcs. pro Falce. Selbst das Interesse der Gutsbesitzer an ihrer Wirtschaft ist infolge der Verpachtung gesunken. Sie verpachten an jeden, der sich findet, sogar an Juden. Im allgemeinen ergreifen sie dann eine andere Beschäftigung in den Städten, z. B. als „Politiker“, von wo aus sie mit Hilfe der Politik ihre Pächter protegieren. Die Not

[1] Darea de seama (Bericht) a camerei de Comerciu din Botoșani 1906. S. 37.

der Bauern gibt dem Pächter die Möglichkeit, durch Afterverpachtung von Parzellen an Bauern leichter Geld auszupressen. Das Inventar läßt er in Verfall geraten, die Parzellenpacht nimmt große Ausdehnung an. Während 1859 im Distrikt Dorohoi[1] 127 302 Falci = 181 041 ha, d. h. 65.8 % sich in den Händen der Großgrundbesitzer befanden und nur 66 240 Falci, d. h. 34.2 % in denen der Bauern, waren 1905 hier 80 380 ha in Betrieben über 100 ha bewirtschaftet, das sind 51,81 % der kultivierten Fläche des Distrikts. Hiervon waren nur 23,31 % im Eigenbetrieb, 76,60 % dagegen im Betriebe der Pächter, 74 750 ha waren in Betrieben unter 100 ha kultiviert, das sind 48,19 % gegenüber 34.2 % im Jahre 1859. Von der letzten Summe (74 750 ha) waren 63,38 % Eigentum der Bauern und 36,62 % kleine Parzellenpachtungen. Während vor der Bauernbefreiung, so versichert Kogalniceanu, die Gutsbesitzer kein Land über das gesetzlich vorgeschriebene Maß den Bauern vom Überfluß gaben, kultivierten 1905[2] die Bauern in Betrieben unter 100 in den zehn Distrikten der Ebene 770 790 ha; davon waren 68,65 % Eigentumsland und 33,35 % Parzellenpachtungen. Die Betriebe über 100 ha betrugen in der Ebene 633 841 ha, das sind 45,13 % der kultivierten Fläche, während die Bauern 54,87 % in ihrem Betriebe hatten. In den vier Gebirgsdistrikten kultivierten die Bauern 302 818 ha; davon waren 83,75 % ihr Eigentum und 16,25 % in Pacht. Während die Betriebe über 100 ha 121 860 ha umfaßten, d. h. nur 28,70 %, befanden sich im Betriebe der Bauern 71,30 % der kultivierten Fläche der gebirgigen Distrikte.

Das eigenartige Pachtverhältnis sowie die heutigen Zustände überhaupt werden zusammen mit den Kleinpachtverhältnissen (Teilbau) in der Walachei behandelt.

In der Walachei bedeutete die Bauernbefreiung für die Großgrundbesitzer eine bedeutend größere Veränderung als in der Moldau, weil die Bauern dort als Teilpächter die Träger der landwirtschaftlichen Produktion und im Besitz des Viehes und des Betriebskapitals waren. Nun wurde ihnen durch das Ablösungsgesetz bedeutend weniger Land als in der Moldau zugewiesen mit Rücksicht auf die Großgrundbesitzer, die damit die Bauern in Abhängigkeit bringen konnten. Da die Bauern hier viel Vieh zu halten pflegten, sahen sie sich bei dem Landmangel gezwungen, von dem „Überfluß“ des Gutsbesitzers nach wie vor Land in Teilbau zu nehmen. „Die Gutsbesitzer und Pächter ließen das Vieh der Bauern nicht auf ihre ausgedehnten Weiden, wenn die Bauern sich nicht verpflichteten, eine entsprechende Menge Land in Teilbau zu nehmen. Weil die Bauern mit ihrem Vieh nicht wußten, wohin, und sich

[1] J. Jonescu, Op. cit. S. 14.

[2] Statistica agricola 1906. Veröffentlichung des Landwirtschaftsmisteriums.

nicht auf ihre zu Eigentum erhaltenen Pogons beschränken konnten, „mußten sie die „Vereinbarung“ schließen, die man ihnen diktierte“. Die Pächter aber bewirkten durch Erschwerung der Bedingungen für den Erwerb von „Überfluß und Weide eine allmähliche Beschränkung der bäuerlichen Anbaufläche und Viehzahl. Wer vor dem Agrargesetz 30 Pogons erhielt, bearbeitet jetzt nicht mehr als 10“ [1]. Die Zerstückelung des eigenen Landes bringt die Bauern früher als in der Moldau dazu, das Gemeindeland aufzuteilen und unter den Pflug zu nehmen. Das wurde noch durch den Verfall der Viehausfuhr nach dem Zollkrieg mit Österreich-Ungarn in den Jahren 1881—1891 beschleunigt. Zur Erklärung mögen die folgenden Zahlen der Viehausfuhr vor und nach dem Zollkrieg dienen [2].

Jahr	Pferde		Großes Rindvieh		Schweine	
	Kopfzahl	Wert in Fcs.	Kopfzahl	Wert in Fcs.	Kopfzahl	Wert in Fcs.
1871	1 594	637 600	33 767	7428 740	116 482	5 824 100
1872	1 998	779 200	38 539	8478 550	154 020	7 701 000
1873	1 425	570 000	50 708	1 1155 760	97 866	4 893 300
1874	1 394	557 000	31 771	6989 620	76 555	3 887 000
1879	3 829	1 556 800	30 232	6651 040	150 912	7 595 600
1880	2 122	848 800	19 932	4385 040	91 714	4 585 700
1881	1 638	655 200	19 981	4395 820	178 000	8 900 000
1882	1 759	703 360	1 908	419 760	136 102	6 805 100
1889	743	297 200	1 460	321 200	14 744	739 200
1890	456	182 400	8 446	1858 200	3 825	191 250
1891	505	202 000	3 383	774 260	5 180	259 000
1892	246	98 400	2 841	625 020	10 760	538 200
1900	252	100 800	8 912	1960 640	2 190	109 550
1901	232	92 800	13 095	2880 900	5 036	150 800
1902	224	89 600	11 373	2502 060	344	27 200
1903	277	110 800	12 417	2731 740	59	2 950
1904	582	232 800	17 306	3807 320	35	1 750

Zur Unterhaltung des Viehs, soweit es unentbehrlich ist, sind die Bauern auf das Weideland des Gutsbesitzers angewiesen, der, weil er bei seinem Bewirtschaftungssytem kein Vieh zu halten braucht, den schlechtesten und immer nur einen sehr kleinen Teil des Gutes den Bauern für diesen Zweck überläßt, während die Zahl der Familien im Dorfe wächst und eine bäuerliche Familie ohne ein paar Stück Vieh schwerlich existieren kann. Das Vieh wird sehr schlecht gefüttert, und so tritt eine Degeneration der Viehrasse ein. Die Regierung sah sich 1893 bewogen, im Gesetz über die ländlichen Verträge zu bestimmen, daß die Verträge über Weideland mit der Angabe

[1] I. Jonescu, Monografia Jud. Mehedinti. Bucuresti 1868. S. 286 ff.

[2] Die Zahlen von P. S. Radianu Din trecutul si presentul. Agriculturei române. Bucuresti 1906. S. 531 ff. Veröffentlichung des Landwirtschaftsministeriums.

nicht nur der Viehzahl, sondern auch der Fläche pro Stück Vieh geschlossen werden müssen (Art. 3). Noch schlimmer war es, daß die Pächter den Bauern die Brache auf 2—3 Jahre als Weideland überließen und sie dann selbst wieder unter den Pflug nahmen. Die Weide wird immer schlechter, die Abgaben dafür aber steigen, und zwar auch in der Moldau. So betrug das Weidegeld im Distrikt Braila vor der Ablösung 2,30—4,60 Francs für ein Stück Vieh, nach der Ablösung 1872 7,70—11,10 Francs; heute sind die Preise auf 12—25 Francs für ein Stück Vieh gestiegen. Diejenigen Bauern, die vom Pächter nicht Land in Teilbau nehmen, haben noch mehr zu zahlen, wenn der Pächter überhaupt eine Vereinbarung bloß über das Vieh mit ihnen abschließen will. So ist diese wichtige Lebensader der bäuerlichen Wirtschaft unterbunden. Die Pächter und Gutsbesitzer haben sich gar kein Vieh angeschafft, weil sie bei ihrem Bewirtschaftungssystem das Vieh der Bauern benutzen.

Es gab in Rumänien

Bodenkategorien	1860[1]		1905	
	ha	%	ha	%
Ackerland	2 494 220	19,91	5 465 190	41,60
Natürliche Wiesen . .	1 046 610	8,35	536 380	4,08
Ewige Weide	3 643 220	24,29	1 495 600	11,28
Gesamte Landfläche . .	12 599 700	100,—	13 135 300	100,—
Bevölkerung	3 869 848		6 392 273	

Viehstand	Kopfzahl 1860	Kopfzahl 1900[2]
Pferde . .	461 073	864 234
Rindvieh .	2 607 594	2 588 526
Schafe . .	4 416 457	5 655 444
Ziegen . .	409 676	232 515
Schweine .	1 051 130	1 709 205

An Rindvieh hatten im Jahre 1900

	Stück
die Großgrundbesitzer und Pächter	6 207
die kleinen Landwirte mit eigenem Boden	650 062
die „Landarbeiter“ (Teilbauern usw.) auf fremdem Boden	61 429

das heißt also, die Bauern sind an Vieh insgesamt über hundertmal reicher als die Großgrundbesitzer.

[1] P. S. Radianu, Op. cit. S. 469.
[2] Statistica animalelor domestice. Veröffentlichung des Landwirtschaftsministeriums 1903.

Nach ihrem Viehstande sind die Eigentümer folgendermaßen einzuteilen:

Von 1000 Eigentümern von Rindvieh haben

Anzahl des Viehes in	1	2	3—4	5—10	11—12	21-100	über 100
Rumänien	102	394	344	151	10	3	1
Moldau	135	341	369	145	6	3	1
Walachei	87	428	329	146	8	2	0
Dobrudscha (wo es keinen Großgrundbesitz gibt)	71	251	257	316	80	23	2

Daraus kann man ersehen, daß im ganzen Lande, besonders in der Walachei die Zahl derer, die mehr als 20 Stück Vieh haben, sehr gering ist.

Man hat berechnet, daß im Jahre 1862 ein Stück Zugvieh auf 1,25 ha kam; heute kommt ein Stück Zugvieh auf 2,70 ha, also auf mehr als die doppelte Fläche [1]. So steht es mit der Viehzucht im ganzen Lande. Die Stückzahl des Viehs ist stationär geblieben, während die Wiesen auf die Hälfte und die Weiden noch mehr reduziert sind.

Die landwirtschaftliche Produktion wurde nach der Bauernbefreiung in der Walachei dadurch in Gang gehalten, daß die Großgrundbesitzer und Pächter an die Bauern, die Land brauchten oder daran gewöhnt waren, viel Land zu bestellen, Land verpachteten. Bei der Kapitalarmut leisteten sie, an das Alte und Gewohnte anknüpfend, und aus den Gründen, die schon angeführt sind [2], dem Großgrundbesitzer für das ihnen vergebene Land eine Quote des Rohertrages in natura, die noch heute Dijma (Zehntel) heißt, und verpflichteten sich, die Ernte des Teilbaulandes auf die Tenne des Gutsbesitzers zu liefern, außerdem noch bestimmte Arbeitstage mit dem Pflug, dem Gespann oder nur den Armen und Fuhren bis zu einer bestimmten Entfernung zu leisten. Viele Pächter und Gutsbesitzer gingen jetzt in der Walachei energischer als früher zur Eigenbewirtschaftung eines immer größeren, und zwar des besten Teils des Gutes über, den sie aber in der Art bewirtschafteten, daß sie von den Bauern als Entgelt für das in Teilbau vergebene Land immer mehr Arbeitsleistungen, meistens Stückarbeiten oder sogar die vollständige Bewirtschaftung einer Parzelle (Tarlà) von der Aussaat bis zur Ernte und bis zum Wegschaffen derselben verlangten. Diese Parzellen lagen alle nebeneinander auf einem Felde.

So hatten die Bauern 1868 in der Gemeinde Recea im Distrikt Mehedintzi [3] dem Pächter $^1/_5$ des Rohertrages in Na-

[1] C. Baicoianu, Cresterea si îmbunătătirea rasei vitelor noastre. Bucuresti 1905.

[2] Siehe oben S. 8. 16—17 u. 30 ff.

[3] J. Jonescu, Monografia usw. S. 515.

tura von dem in Kultur genommenen Lande abzutreten, ihm $^{1}/_{2}$ Pogon = einen Morgen mit Mais, $^{1}/_{2}$ Pogon mit Weizen vollständig zu bebauen und 12 hl Getreide zur Donau zu schaffen. Oft hat noch bis auf den heutigen Tag der Bauer die traditionellen Schweinezungen und Filets, Eier, Hühner, Butter usw. zu leisten.

Diese Vereinbarungen gestalten sich von Gemeinde zu Gemeinde ganz verschieden. Man kann nur im allgemeinen sagen, daß in der westlichen und gebirgigen Walachei, wo seit jeher die Bevölkerung zahlreicher war, noch heute die Naturalquote größer ($^{1}/_{2}$ des Rohertrages) geblieben ist. In der unteren und östlichen Walachei, wo noch viel Land vorhanden ist und die Großgrundbesitzer lieber von den Teilbauern bedeutendere Stückarbeiten- und Handdienste für ihren Betrieb verlangen, ist dafür die Naturalquote, die diese dem Pächter abtreten, kleiner geblieben, $^{1}/_{4}$ und $^{1}/_{5}$, und damit nähern sich die Beziehungen einem reinen Arbeitsverhältnis. Oft geben die Pächter aber durch das ganze Gut dem Bauern nur in Teilbau und verlangen eine größere Naturalquote, $^{1}/_{2}$ oder $^{2}/_{3}$ des Rohertrages.

Die Naturalquote ist es, welche diesem Verhältnis den Charakter des Teilbaues gibt. In Südeuropa, besonders auch in Frankreich und Italien verbreitet, hat diese Wirtschaftsform viele Verteidiger und viele Gegner gefunden. Dietzel[1] führt den Ursprung des Teilbaues in Italien auf den Verfall des Adels und den Ankauf seiner Güter durch bürgerliche Elemente zurück. Die Lohnpolitik der Städte verhinderte die Entstehung von Latifundienwirtschaften und führte zur Bildung von Meierhöfen. Die Städter kauften diese Höfe an, nahmen mit ihrem Kapital Meliorationen vor, verwandelten das Land in Oliven-, Wein- und Maulbeergärten und führten den Teilbau als die regelmäßige Bewirtschaftungsform ein. Für Frankreich nimmt Dareste de la Chavanne[2] an, daß der Teilbau aus der Gewohnheit heraus entstanden ist, so viel bebauen zu dürfen, wie man kann, nur mit der Verpflichtung, dem Herrn dafür einen Teil der Ernte abzutreten. Es kommen jedoch auch ähnliche soziale Gründe in Betracht, wie sie für Italien gelten. A. Young[3] berichtet, daß zu seiner Zeit in Frankreich $^{7}/_{8}$ des landwirtschaftlich bestellten Landes in Teilbau kultiviert wurde. 1872 wurden nach Hamm[4] 11183000 ha in Frankreich in Teilbau bewirtschaftet, 1883 nur 4539322 und 1892 nur noch 3767000 ha[5]. Der Teilbau nimmt also bedeutend ab. In

[1] Zeitschrift für die gesamte Staatswissenschaft. Tübingen 1884—85.

[2] Histoire des classes agricoles en France. Paris 1871.

[3] W. Roscher, Nationalökonomie des Ackerbaues. 14. Aufl. S. 268.

[4] Hamm, Wesen und Ziele der Landwirtschaft. 1875.

[5] Nach Grande Encyclopédie française. Art. Meteyage.

Italien hat die Agrarenquete[1] von 1870 1 503 476 Teilbauern, das sind 18,12 % von allen in der Landwirtschaft Tätigen, ergeben. Heute findet der Teilbau als Bewirtschaftungsform nur bei denjenigen Kulturen Anwendung, für welche die Arbeit der wichtigste Produktionsfaktor ist, wie bei Öl, Obst, Wein, Kokons, Maulbeeren, und zwar, um „den Bauern durch die Hoffnung auf einen großen Gewinn zur Tätigkeit und Emsigkeit anzuspornen; so vertritt der Teilbau die Wirkungen des Eigentums“ [2]. Er ist heute in denjenigen Provinzen verbreitet, wo die genannten Kulturen sich befinden; in Toscana, wo Weinkultur vorherrscht, in Emilia, Umbria, Marcia und in dem südlichen und westlichen Frankreich. In der Lombardei und Ligurien findet er ausschließlich bei solchen Kulturen Anwendung, nicht aber bei Getreide. „Der vernünftige Grund dafür ist, daß es dem Bauer fast unmöglich wäre, das Risiko eines festen Pachtzinses für ein Feld zu tragen, dessen Güte er nicht im voraus bestimmen kann“ (Dietzel). Der Teilbau gedeiht bei denjenigen Kulturen, die regelmäßig vor sich gehen, nicht da, wo unregelmäßige Ernten den schwächeren Teil, den Bauern, in pekuniäre Abhängigkeit von dem Großen bringen können. Die Teilung der Ernte bringt eine Interessengemeinschaft zwischen dem Teilbauern und Gutsbesitzer zustande. Es werden in diesen Ländern meistens ein Ganzes bildende Anwesen in Ausdehnung von 15—25 ha, ja sogar bis 100—150 ha[3] in Teilbau vergeben. Außer dem Boden gewähren die Gutsherren Wohnung, Ställe, das ganze oder die Hälfte des Viehs und der landwirtschaftlichen Geräte. Der Bauer bringt auch einen Teil des Inventars und des Betriebskapitals ein. „Der eine stellt mithin hinsichtlich des Grundes die Ertragsfähigkeit dar, zu deren Erzielung die Beurbarungsarbeiten, die Mauerwerke und die Pflanzungen notwendig waren, und alles was sich noch fernerhin ausführen läßt, um diese bleibende Ertragsfähigkeit zu erhöhen, liegt in seinen Verpflichtungen; der andere aber verwirklicht durch seine Tätigkeit den Ertrag.“ Oft wird, wenn Arbeitsgeräte nötig sind, die Hälfte der Anschaffungskosten vom Gutsbesitzer bezahlt. Die Gemeinschaft der Interessen veranlaßt den Gutsbesitzer, dem Bauern mit Rat, mit tätigem Mitwirken, bei Not sogar mit barem Gelde beizustehen[4]. „Anderseits erheischt die Natur des Vertrages die pünktliche Einhaltung der Vertragsbedingungen, Ordnung und Fleiß seitens des Teilbauern, was aber nur durch die große Wohlhabenheit, zu

[1] Eheberg, Die Agrarzustände in Italien in Schriften des Vereins für Sozialpolitik. 1875.

[2] S. Jacini, Landvolk und Grundbesitz in der Lombardei. Wien 1889.

[3] H. Baudrilart, Populations agricoles de la France. Paris 1881—93. Bd. III.

[4] Ebenda Bd. III, S. 161.

welcher der Stand der Grundbesitzer mittels des patriarchalischen Vereins gelangt, erreicht werden kann[1]." Wenn auch die Verträge auf drei Jahre (wie in Frankreich) geschlossen werden, so werden sie fortwährend stillschweigend verlängert, sodaß eine Teilbauernfamilie auf demselben Gute oft 100 Jahre sitzt[2]. Das Band zwischen Eigentümer und Bauer wird besonders dadurch fester, daß beim Teilbau nicht ein jeder, wie bei der Pacht, die Rollen zu wechseln wünscht. Die Selbstbewirtschaftung ist unzweckmäßig, weil die Güter nicht groß genug sind, ihrem Besitzer eine zum Unterhalt genügend hohe Rente abzuwerfen, so daß sie ihren bürgerlichen Erwerbszweig, der mehr abwirft, aufgeben könnten. Für den Teilbauer ist es anderseits fast unmöglich, es bis zum Eigentümer zu bringen (Dietzel). Die Konkurrenz ist geringer, weil der Grundherr und umgekehrt auch die Arbeiterfamilie eine genau zu bestimmende Arbeitsmenge braucht. Die Hauptschwäche des Teilbaues liegt darin, daß der Bauer sowie der Eigentümer jeder Neuerung und jedem Opfer abhold ist, dessen Früchte er mit andern teilen soll. „Der Ackerbau wird unter ihm zwar blühen, aber immer stationär bleiben"[1] (Jacini). Der Erwerbstrieb löst auch die Interessengemeinschaft zwischen Eigentümer und Bauer. Der Bauer strebt danach, Eigentümer zu werden, der Eigentümer, so oft wie möglich, vom Bauern mehr herauszuschlagen, wenn dieser wegen Verschuldung oder Steuerlasten sich jede Bedingung gefallen lassen muß. So ist es heute fast in ganz Italien dazu gekommen, daß der Bauer statt wie früher die Hälfte des Rohertrages für sich zu behalten, im allgemeinen nur $^1/_3$, bisweilen sogar nur $^1/_4$—$^1/_5$ behält[3]. Deswegen verschwinden allmählich die Vorteile des Teilbausystems; der Bauer wird ein in Natura bezahlter Landarbeiter. Der Gedanke des gleichberechtigten Zusammenwirkens von Kapital und Arbeit und der gleichen Verteilung von Gewinn- und Verlustchancen ist auf die Dauer nicht zu verwirklichen.

Noch schlimmer können unter der Herrschaft des Erwerbstriebes die Verhältnisse sich da gestalten, wo der Teilbau bloß als Mittel zur Beschaffung der Arbeitskräfte für die Bewirtschaftung der Latifundien dient, wobei der Gutsbesitzer den Bauern für ein Stück Land neben der Verpflichtung, einen Teil des Rohertrages abzutreten, noch Arbeitsleistungen auf dem Herrengut auferlegt. Eine solche Abart des Teilbaus, in Italien „boaria" genannt, trifft man in Norditalien und öfter

---

[1] Jacini, Op. cit.

[2] Simondi, Etudes sociales. Paris 1825. Bd. II Kap. über die toskanische Landwirtschaft. Ebenso Baudrilart, Op. cit. Bd. II. S. 29—35.

[3] W. Sombart, Das Familienproblem in Italien. Schmollers Jahrbuch Bd. XII, S. 285.

in Sizilien; sie hat auch mit dem Teilbau in der Walachei eine gewisse Ähnlichkeit. Diese Form läßt am leichtesten Mißgriffe zu. Die fortschreitende Not des Bauern in Rumänien entstand aus dem Interessengegensatz zwischen Bauern und Pächtern. Die Bauern strebten danach, so viel Land wie möglich in Teilbau zu nehmen, die Pächter dagegen, für das vergebene Land möglichst viel vom Bauern herauszuschlagen, eine größere Naturalquote zu verlangen und ihm mehr Arbeitsleistungen, die sie für ihren Betrieb brauchten, aufzuerlegen. Das eigene Land der Bauern wurde immer kleiner, der Bauer für die Produktion immer mehr auf das Land angewiesen, das der Gutsbesitzer ihm in Teilbau gab. Die Zahl der nach Land schreienden Bauern wurde immer größer; damit ward es für den Pächter möglich, die Vertragsbedingungen zu erschweren. Die Pächter sind besonders da, wo neben ihren großen Gütern keine Dörfer liegen, fortwährend bestrebt, den Eigenbetrieb auszudehnen. Dieser Eigenbetrieb ist kein streng kapitalistischer Betrieb. Der Pächter verpflichtet die Bauern bei den Vereinbarungen über die ihnen in Teilbau zu überlassende Fläche, so und so viele Tage oder ein so und so großes Feid seines Betriebes zu pflügen und einzusäen; die Spannfähigen leisten die Arbeit mit ihrem Gespann, die Nichtspannfähigen mit den Händen. So braucht der Pächter kein Kapital; es genügt, die erste Rate zu bezahlen und die Bauern zur Arbeit zu zwingen, wobei ja die Gesetze entgegenkommen. Infolge der Rentabilität des Systems haben sich die Pächter und Gutsbesitzer aber oft eignes Inventar, Kapital und Maschinen anschaffen können, die sie für ihre Eigenbetriebe verwenden. Zum Eigenbetrieb des Pächters ist noch das Gutsland zu zählen, das die Bauern vollständig mit ihrem Kapital für den Pächter als Entgelt bebauen (die „Tarlà"). Wie diese Stücke Land bebaut werden, wie überhaupt die Arbeitsleistungen vollbracht werden müssen, dafür macht der Pächter ihnen besondere Vorschriften. Der Bauer hat zuerst die Arbeit im Eigenbetrieb des Pächters vorzunehmen, dann auf dem eigentlichen Teilbauland, und erst zuletzt darf er sein eigenes Stück Land bebauen. Der Bauer läßt in den allermeisten Fällen seine Scholle von der Frau und den Kindern bebauen. Nicht selten plagt sich das Kind mit dem Pflug auf der elterlichen Scholle. Die Zahlen über die Produktion im Eigenbetrieb der Pächter und Gutsbesitzer vor der Bauernbefreiung und 1905 zeigen deutlich, daß der Eigenbetrieb beständig gewachsen sind. Während vor der Befreiung die Bauern an Weizen und Gerste 80 mal, an Mais 120 mal, an Hirse 32 mal mehr als die Gutsbesitzer produzierten, wird ihnen heute nur noch weniger als die Hälfte des Landes vergeben; nur wenn man bei der Statistik das Tarlàland einrechnet, kommt doch mehr als die Hälfte heraus. In den acht Distrikten, die an das Gebirge grenzen, wurden 1905 in Betrieben über 100 ha 277427 ha bebaut. Den Bauern mit Betrieben unter 100 ha wurden von den Großgrundbesitzern noch 230400 ha in Pacht und Teilbau gegeben. Zusammen mit ihrem eigenen Lande kultivierten die Bauern 911815 ha. In den anderen acht Distrikten an der Donauebene wurden in Betrieben über 100 ha 961502 ha bewirtschaftet; den Bauern mit Betrieben unter 100 ha wurden hier von den Großgrundbesitzern und Pächtern 625329 ha in Teilbau und Pacht gegeben; zusammen mit ihrem eigenen Lande kultivierten die Bauern 1540448 ha. Diese Zahlen zeugen von einer ungeheuer raschen Ausdehnung des Eigenbetriebs der Pächter und Gutsbesitzer[1].

Dies Drängen zum Eigenbetrieb sieht man auch in den Mißbräuchen bei der Bemessung des Landes. Das im Teilbau vergebene Land wird knapper bemessen, auch in der Moldau, während die Pogons, die der Bauer vollständig zu bebauen hat, größer bemessen werden. Dieser Mißbrauch[2] ist heute so allgemein, daß der im Teilbau vergebene Pogon ($^1/_2$ ha) um $^1/_4$ kleiner ist als ein ohne weiteres Entgelt bearbeiteter Pogon.

Wie wenig Gewicht der Pächter auf die direkten Einnahmen aus dem Teilbau legt, kann man aus den verschiedenen neuen Formen solcher Vereinbarungen sehen. So hat der Bauer heute in der Gemeinde Frateschti im Distrikt Vlaschca, für das Teilbauland an gebauten Mais $^1/_3$, vom Weizen, $^1/_4$ des Rohertrages dem Pächter abzutreten. Außerdem hat er dem Pächter, von denen er drei Pogons in Teilbau nimmt, noch einen Pogon anderen Landes vollständig mit Weizen oder Mais zu bebauen, fünf Arbeitstage, fünf Tage Transport und noch einen Transport von 21 Hektolitern nach dem Donauhafen Giurgiu zu leisten. In diesem Falle hat der Bauer, wenn er drei Pogons in Teilbau nimmt und darauf Mais bauen will, dem Pächter ein Drittel der Ernte, also die Ernte für einen ganzen Pogon abzutreten, und noch einen Pogon vollständig mit Mais zu bebauen; im ganzen hat also der Bauer vier Pogons zu bearbeiten, während er nur von zweien, ebenso wie der Pächter, die Ernte hat. Es wird eine Vereinbarung auf Teilung zur Hälfte gemacht. Auch in der Gemeinde Slobozia, im Distrikt Vlaschca, hat der Bauer von drei Pogons, die er in Teilbau genommen hat, die Ernte von einem Pogon zu liefern und noch einen Pogon vollständig für den Pächter zu bearbeiten[3]. So ist es in fast allen Gemeinden dieses Distrikts.

---

[1] Statistica agricolă. Bucuresti 1905.
[2] Monografile comunelor rurale din Judetul Vlasca. Bucuresti 1904. Bd. I, S. 1.
[3] Ebenda S. 21.

In der Gemeinde Buteasa de Jos[1] bekommen die Bauern bis zu zehn Pogons = 5 ha Land in Teilbau. Die eine Hälfte des vergebenen Landes wird mit Mais, die andere mit Weizen bebaut. Die Bauern haben dem Pächter ein Viertel des erzielten Rohertrages abzuliefern, und außerdem bei zehn Pogons noch fünf Pogons Gutsland für ihn vollständig zu bebauen, vom Pflügen bis zur Lieferung der Ernte in die Scheune des Pächters, und einen mit Raps oder Hafer bestellten Pogon zu mähen. Für die fünf Pogons des Pächters werden besondere Vorschriften über die Bearbeitung gegeben, so z. B. für Mais: „Wir werden zuerst die Brache pflügen, dann eggen, Pfade machen und säen. Das Saatgut wird in einem Abstand von einem Meter in den Boden gelegt.“

„Falls die Verpflichtungen nicht erfüllt werden, sind zu zahlen:

15 Frcs. für einen nichtabgeernteten Pogon,
8 „ „ „ nichtbrachgepflügten Pogon,
5 „ „ „ Tag nichtgeleisteter Gespanndienste,
3 „ „ „ „ „ Handdienste.

Bei Mehrarbeit dagegen werden gerechnet:

4 Frcs. für das Brachpflügen eines Pogons,
5,10 Frcs. für das Abernten eines Pogons und das Hinausschaffen der Ernte zur Dreschmaschine,
1,10 „ für einen Gespanntag,
1,— „ „ „ Handdiensttag.

Als Weidegeld werden fünf Francs für ein Stück Großvieh, ein Francs für ein Schaf, und drei Frcs. für ein Schwein festgesetzt. Wer keinen Arbeitsvertrag mit dem Pächter geschlossen hat, hat 15—20 Frcs. für ein Stück Vieh zu zahlen.

Dies ist der Inhalt eines typischen Vertrages, die sonstigen Verträge sind nicht weniger drückend.

Wie wenig von der Interessengemeinschaft übrig geblieben ist, sehen wir noch aus anderen Formen der Verträge, bei denen der Teilbau eigentlich aufgehört hat. In den oben angegebenen Verträgen scheint der Bauer mehr als ein in Naturalien bezahlter Landarbeiter zu sein, in denen der folgenden Form ist er aber nur ein mit einem Stück Land bezahlter Arbeiter. Man gibt ihm ein Stück Land und er hat dafür bestimmte Dienste zu leisten. So hatten die Bauern im Jahre 1905 in der Gemeinde Greci Surdila im Distrikt Ialomitza für einen Hektar Land, den sie von dem Gutsbesitzer erhielten, diesem einen Hektar vollständig mit Mais oder Weizen zu bebauen, von der Aussaat bis zum Transport der Ernte auf eigenen Karren zur Maschine des Gutsbesitzers. Außerdem hatten sie von jedem Hektar, den sie in Kultur ge-

[1] Ebenda S. 207.

nommen hatten, dem Gutsbesitzer 20 Sack Korn, Mais, Weizen oder 30 Sack Hafer, — je nachdem die Bauern Mais oder anderes Getreide auf dem „vereinbarten“ Land bauten, — abzutreten und ihm noch 50 ar zu pflügen. Es heißt in einem Vertrage[1]: „Falls der Herr Eigentümer B. uns seine Erntemaschinen zur Verfügung stellt, damit wir mit ihnen und mit unserem Zugvieh sein eigenes Land, das wir für ihn bebaut haben, abmähen, sind wir verpflichtet, ihm dafür 25 ar mit seinen Maschinen abzumähen, die Ernte zu binden und zur Maschine zu schaffen.“ „Nach einer Regenzeit sind wir verpflichtet, beim ersten Ruf die Haufen wieder auszustrecken und dann zum Transport wieder zusammenzubinden. Die Frühlingsarbeit sowie die Aberntung unserer eigenen Felder wird erst nach den entsprechenden Arbeiten für den Herrn Eigentümer und nachdem wir von ihm die Erlaubnis dazu erhalten haben, erledigt.“

Der Grund für die Entstehung solcher Formen des Teilbaues, wie der letztangeführten, liegt in dem Interessengegensatz zwischen dem Gutsbesitzer, der als kapitalistischer Träger des landwirtschaftlichen Fortschritts bestrebt ist, den Reinertrag zu steigern, und dem Bauern, der diese Ertragssteigerung durch seine Arbeit und sein Kapital verwirklichen soll. Der Gegensatz kommt daher, daß „mit der Steigerung der Betriebskosten die Steigerung des Reinertrags nicht gleichen Schritt hält, der Reinertrag vielmehr nur in geringerem Grade wächst, als der zu seiner Erzielung aufgewendete Mehraufwand an Kapital und Arbeit. Deshalb verschlingt der Zehnte — geschweige die Hälfte — um so mehr Bruchteile des Reinertrages, je größer die Arbeits- und Kapitalaufwendungen sind, um eine Reinertragssteigerung herbeizuführen[2].“ Übrigens hindern den Bauern an einer intensiveren Kultivierung des Bodens seine Faulheit, sein Kleben am Alten und seine unzureichenden Betriebsmittel.

Für den Gutsbesitzer ist es anderseits schwer, die Ausführung der Vorschriften zur intensiveren Bewirtschaftung zu überwachen, weil die in der Form des Teilbaus bewirtschaftete Fläche sehr groß ist und die Teilbauwirtschaften sehr zahlreich sind. Er trennt deshalb das Land, dessen Ertrag ihm gänzlich zufällt und das in der vorgeschriebenen Weise bearbeitet werden soll, von dem Lande, dessen Ertrag zum Teil oder gänzlich dem Teilbauern zufällt und das dieser so kultiviert, wie es ihm gerade Zeit und Mittel erlauben.

Je größer die Abhängigkeit des Bauern vom Gutsbesitzer ist, desto weniger bleibt von der Interessengemeinschaft des

[1] Dieser Vertrag ist mir von einem Dorflehrer mitgeteilt und auch in einer Zeitschrift veröffentlicht worden.

[2] Buchenberger, Agrarwesen und Agrarpolitik, Bd. I. Leipzig 1892, S. 132.

Teilbaues übrig. Es kommt sogar zu einem offenen Interessengegensatz und damit zu einem Hemmnis der Bodenkultur. Die Steigerung des Reinertrages geschieht durch die Ausnutzung der Arbeitskraft des Bauern. Ein wirklich kapitalistischer Betrieb wird gehindert. Der Betrieb stützt sich großenteils nicht auf Kapital und höhere Technik, sondern auf die Ausnutzung der Arbeitskraft des Teilbauern. Dieses letzte Verhältnis heißt auf rumänisch „Dijma la Tarla“ (der Zehnte vom Schlag!) und ähnelt dem moldauischen Parzellenpachtverhältnis.

In der Moldau, wo die alte Agrarverfassung durch die Entstehung der Parzellenverpachtung zu schwinden begann, zahlen die Bauern den Pachtbetrag teils in Geld teils in Arbeit. Der Gutsbesitzer hat hier eigenes Gespann und Inventar. Mit dessen Gespann und Pflug leisten die Bauern die Arbeitsdienste. Ihre gepachteten Parzellen bearbeiten sie mit dem Gespann und dem Pflug des Gutsbesitzers. Aus Armut leisten sie einen Teil des Pachtzinses in Arbeitsdiensten. Es sei ein typischer Vertrag aus der Gemeinde Liteni im Distrikt Sucava angeführt.

„Wir unterzeichneten Ackerbauer der Gemeinde Liteni haben bei unserm gänzlichen Mangel an Boden Land zur Ernährung unserer Familien von Herrn C. O. gepachtet.“

„Als Preis dafür haben wir 82 Frcs. pro Falce des oben genannten Bodens zu zahlen. Für den Boden, der mit dem Pflug des Herrn Gutseigentümers C. O. im Herbst gepflügt wird, zahlen wir 100 Frcs. Auf diesem Boden dürfen wir nur Mais, Bohnen und Melonen bauen.“

„Anstatt jene Summe völlig in Bar zu zahlen, verpflichten wir uns, für jede Falce = 80 Prajini — eine Falce abzuernten und 40 Prajini Mais zu hacken und zu gäten, — alles bei eigener Beköstigung. Für jede abgeerntete Falce werden uns 12 Frcs. und für das Behacken von 40 Prajini 24 Frcs. angerechnet. Den Rest des Pachtgeldes haben wir in Bar bis zum 15. September zu leisten und bis zu diesem Tage sind wir verpflichtet, die Ernte von den Feldern wegzuschaffen und diese frei dem Herrn C. O. zum Pflügen zu überlassen. Zahlen wir bis zu diesem Tage aber nicht das Restgeld, so sind wir nicht berechtigt, die Ernte wegzuschaffen. Falls wir unseren Verpflichtungen, sei es auch infolge höherer Gewalt, nicht nachkommen können, hat der Herr Gutseigentümer das Recht, sich an unserem Hab und Gut ohne jede weitere Aufforderung zu entschädigen.“

Dieses Verhältnis steht allerdings auf einer höheren Entwicklungsstufe als das Teilbauverhältnis in der Walachei, ist aber, obwohl im Vertrage „vom Pachten“ die Rede ist, doch noch kein Pachtverhältnis und hat sich mit der Zeit

---

1 Dieser Vertrag ist mir von Herrn Dr. I. R. mitgeteilt worden.

zuungunsten der Bauern ausgestaltet. Früher bestand in der Moldau ein gesundes Verhältnis: nur die wohlhabenden Bauern pachteten Land, die kleineren waren noch Handarbeiter. Selbst heute noch verpflichten sie sich, meistens für geliehenes Geld, Stückarbeiten im Sommer zu leisten. Auch in der genannten Gemeinde Liteni pachteten nur die besser situierten Bauern; die anderen verpflichteten sich, für 12 Frcs. Vorschuß, 2 kg Käse und etwas Maismehl eine Falce Heu abzumähen, das Heu einzusammeln, zu binden und auf die Schober zu schaffen. Die Schober werden von ihnen selbst gemacht. „Die Arbeiten müssen wir zur richtigen Zeit und sofort, wenn wir benachrichtigt werden, ausführen, sonst behält der Herr Gutseigentümer das Recht, sich an unserem Hab und Gut zu entschädigen, ohne daß wir dagegen zu protestieren haben. Der Herr Gutsbesitzer darf im letzten Falle andere Leute für jeden Lohn an unserer Stelle verwenden, die die Arbeiten zu Ende bringen sollen."

Ein allgemeiner Mißstand bei den bäuerlichen Pachtverhältnissen ist, wie aus den zitierten Verträgen erhellt, der, daß die Bauern das Land nicht auf längere Jahre erhalten und auch nicht die Freiheit haben, zu bauen, was sie wollen. Der Pächter gibt ihnen das Land in Teilbau (Dijma), z. B. gegen Leistung von einem Drittel der Ernte, und verpflichtet sie, dort nur Mais zu bauen, während er außerdem noch die vollständige Kultur mit Weizen auf bestimmten Parzellen, Erntearbeiten, Pflügen und Fuhren ohne weiteres Entgelt verlangt. Das tut der Pächter aus dem Grunde, weil der Weizenbau rentabler und der Maisbau schwieriger ist. Da, wo Mais gebaut worden ist, läßt der Pächter im nächsten Jahre Weizen im Eigenbetriebe bauen, denn dann ist das Pflügen leichter, weil der Mais noch Ende des Sommers ein- oder zweimal behackt worden ist. Der Bauer bekommt im nächsten Jahre für Maiskultur Stoppelfelder in Teilbau, die er, so zu sagen, erst brechen muß. Für den Bauern ist es besser, wenn diese Stoppelfelder nicht durch eine gute Weizenernte ausgenutzt worden sind, umgekehrt ist es für den Pächter besser, wenn er nicht ausgenützte Maisfelder erhält. So weit sind die Interessen auseinander gegangen. Die Statistik gibt für 1905 folgende Zahlen: es wurden in Betrieben unter 100 ha: 1574 639 ha, also 79,61 %, und in Betrieben über 100 ha bloß 401 122 ha, also 26,21 % Mais gebaut, mit Weizen wurden 1 229 565 ha, also 52,58 %, in Betrieben über 100 ha und 928 686 ha, also 47,42 % in Betrieben unter 100 ha bebaut. Aus Gründen, die wir später kennen lernen werden, baut der Bauer auf seinem eignen Boden meist nur Strohzerealien (Weizen); deshalb nähern sich die Zahlen der Gesamtfläche der Kulturpflanzen beider Betriebskategorien.

Die Verträge sind seit der Bauernbefreiung fühlbar

drückender geworden. Während vor der Bauernbefreiung ein Bauer im Distrikt Braila für 30 Pogons im Teilbau dem Pächter drei Pogons vollständig bearbeitete und ein Zehntel des Rohertrages von den 30 Pogons leistete, also im ganzen 30 Pogons bebaute, wovon ihm 24 blieben und er nur die Ernte von sechs Pogons dem Pächter als Dijma (Naturalquote) und Tarlà (vollständig bebautes Land) abtrat, hat er 1872 dem Pächter ein Viertel des Rohertrages von diesen 30 Pogons abzutreten, also 7½ Pogons, und sieben bis acht Pogons vollständig, im ganzen 15½ zu bearbeiten, während ihm nur noch 14½ Pogons bleiben.

Ein rumänischer Nationalökonom hat 1889 Berechnungen über eine Anzahl Verträge [1] aus jener Zeit angestellt, wonach der Bauer damals in Naturalien und Arbeitskraft für einen Pogon 22 bis 32 Frcs. zahlte; heute zahlt er allgemein dafür 30 bis 50 Frcs. In der Gemeinde Bragadiru Bulgaru [2] im Distrikt Ilfov hatten die Bauern vor der Bauernbefreiung (1860) für das vom Gutsbesitzer vergebene Land den Zehnten der Rohprodukte und 22 Arbeitstage zu leisten. Land bekamen sie im Verhältnis zu ihrem Viehstand. Nach der Befreiung hatten die Bauern von dem „Überflusse“, den sie in Teilbau nahmen, nur den Zehnten zu leisten. Als Weidegeld zahlten sie 0,85 Franks für ein Stück Großvieh, halb so viel für ein Stück Kleinvieh. Von 1870 ab, wo das Gut in andere Hände überging, wurde als Naturalquote nicht ein Zehntel, sondern ein Drittel vom Bauern verlangt. Dieser bekam dafür noch einen halben Pogon Wiesenland umsonst. 1880 verlangte man vom Bauern als Naturalquote zwei Fünftel, ohne ihm Wiesenland zu geben. 1883 verlangte man die Teilung der Ernte zur Hälfte, 1896 neben der Hälfte des Rohertrages z. B. für 3 ha in Teilbau noch 2 ha Weizen mähen, 12 Handarbeits- und 6 Gespanntage.

Als Gründe für die Steigerung der Lasten sind die wachsende Landnot der Bauern, das Wachstum der Bevölkerung und der Steuern, der Geldmangel, die Veränderung der Gerichtsverfassung, die zunehmende Kompliziertheit der sozialen Organisation und nicht zum wenigsten der Mangel an Bildung unter den Bauern zu nennen. Am wichtigsten sind aber das Sinken der Getreidepreise, die wachsende Verschuldung des Großgrundbesitzes, die Verkehrs- und Geldwirtschaft und das kapitalistische System. Das Sinken der Getreidepreise und die Verschuldung wurden leicht auf die Schultern der Bauern abgewälzt. Die Rentabilität der Güter ist durch das Sinken

[1] Pană Buescu Tocmelele agricole (ländliche Verträge) pe teoria rentei. Bucaresti 1889.

[2] A. V. Gâdei, Monografia communei Bragadira. Bulgaru 1905. S. 126.

der Getreidepreise gar nicht berührt worden, im Gegenteil, die Grund- und Pachtpreise wachsen fortwährend und enorm.

J. Jonescu gibt für den Distrikt Mehedintzi [1] als Preis pro Pogon 1868 35—68 Frcs. an, einen Preis, der für damals als der höchste anzusehen ist, weil der Distrikt Mehedintzi schon stark bevölkert war. Heute kostet ein Pogon 120—450—800 Frcs. Es kostete in der Gemeinde Valeni [2] im Distrikt Olt ein Hektar 1853 31,65 Frcs., 1864 37,00 Frcs., 1868 153 Frcs. und 1903 225 Frcs. Dr. G. D. Creanga findet, daß für 65 % von 210 Grundbesitzungen die Pacht zwischen den Jahren 1870 bis 1906 um 100 % gewachsen ist, für 13 % um 300 % und für 3 % um 500 %. Von jenen 210 Grundbesitzungen nahmen im Jahre 1870 54 % von den Bauern eine Pacht von weniger als 20 Frcs., 1906 nur noch 2 %. Es gab 1870 kein Gut, das von den Bauern eine Pacht von mehr als 60 Frcs. genommen hätte; 1906 waren es 20 % aller Güter und 43 % nahmen mehr als 50 Frcs. pro ha [3]. Es ist vorgekommen, daß Güter für das doppelte wie früher verpachtet worden sind. Im Distrikt Vlaschca wurden 1892 10 Staatsgüter, die bis dahin 279 892 Frcs. Pacht brachten, für 462 850 Frcs. verpachtet. Bei 18 Staatsgütern im Distrikt Teleorman stieg 1892 die Pachtsumme von 471 485 auf 860 150 Frcs.; im Distrikt Ilvov beim Gute Suica Cotroceni von 27 350 auf 55 000 Frcs., beim Gute Coltea Baltogul von 37 000 auf 80 700 Frcs. und beim Gute Bortesti von 64 900 auf 132 600 Frcs. [4]. Im allgemeinen stiegen die Pachtpreise auf dem flachen Lande schneller als in den Gebirgsgegenden.

1905 wurden der rumänischen Akademie für das Gut Moara Grecii, das bisher für 14 500 Frcs. verpachtet war, 21 500 Frcs. angeboten; der Pachttrust Fischer bot für das Gut Grecii, das mit 28 000 Frcs. verpachtet war, 1905 sogar 68 000 Frcs. [5]. In den letzten Jahren stiegen die Pachtpreise in erschreckender Weise. Besonders die jüdischen Pächter in der Moldau boten den doppelten Preis und noch mehr. So wurden 1906 die Güter Fruntaseni-Popeni dem Pachttrust Fischer für den doppelten Preis verpachtet, ebenso das Gut Polizeni [6]. Diese Liste kann beliebig vergrößert werden.

Eine ebenso bedeutende Erhöhung des Bodenertrags ist dagegen nicht eingetreten. Viele meinen sogar, daß die Ertragsfähigkeit des Bodens wegen des Raubbaues gesunken

[1] Siehe die bezügliche Monografia S. 286 und 304.

[2] G. S. Radianu, Monografia comunei Văleni. Bucuresti 1905. S. 58—59.

[3] Cresterea arendei paman tulni etc. 1907.

[4] Journalulsocietătei centrale de agricultură, Nr. 2, Jahrg. 1892.

[5] Zeitschrift Economia Natională, Jahrg. XXX, 9.

[6] Zeitschrift Neamul Romănesc, Jahrg. I, 28. September 1906.

sei[1]. Nach den neuesten Berechnungen[2] ergibt sich jedoch, daß trotz des Raubbaues der Bodenertrag etwas gewachsen ist.

So war der Durchschnittsertrag pro ha in Hektolitern[2]:

	für Weizen	Mais	Roggen	Gerste
1862—1876	10,7	12,9	9,9	12,3
1886—1905	13,63	12,41	12,86	14,03

	für Hafer	Hirse	Raps
1862—1876	12,9	9,3	10,1
1886—1905	16,42	7,61	9,83.

Die Verbesserung der Technik ist nicht so sehr durch die Einführung der Maschinen erfolgt, wie durch andere Mittel, die weniger kostspielig sind; Zucht und Auslese des Saatguts und öfteres Pflügen (zweimal, während man früher nur einmal pflügte). Diese letzte und wichtigste Verbesserung wird den Bauern durch die „Vereinbarung" auferlegt.

Parallel mit dem Sinken der Getreidepreise und dem Wachsen der Pachtpreise geht die Ausdehnung der mit Getreide bebauten Flächen und die Zunahme der Getreideausfuhr. Die rasche Ausdehnung der kultivierten Flächen wird durch die folgenden Zahlen veranschaulicht[3]:

Es waren bebaut mit

	1862		1905	
Weizen . .	697 600	ha	1 958 250	ha
Mais . . .	962 400	„	1 975 761	„
Roggen . .	59 800	„	161 199	„
Gerste . . .	242 300	„	528 758	„
Hafer . . .	61 900	„	372 730	„
Hirse . . .	87 400	„	39 594	„
Raps . .	8 700	„	251 485	„
Buchweizen .			1 194	„
Summa	2 120 100	ha	5 288 971	ha

(Siehe Tabelle S. 73).

In den letzten Jahren ist die Ausfuhr an Mehl bedeutend gestiegen. 1892 wurden 19 070 320 kg Weizenmehl und 959 082 kg anderes Mehl, 1903 24 675 198 kg Weizenmehl und 1 888 043 kg anderes Mehl ausgeführt.

Der gesamte Getreideexport von 1871 bis 1904 beträgt 53 471 Millionen kg. Das bedeutet einen Wert von 5476 Mil-

[1] G. Maior, Economia Rurală, Bucuresti 1900, S. 435—455.

[2] S. P. Radianu, Din trecutul si presentul Agriculturei etc. S. 485.

[3] Ebenda S. 470 und 577.

	Es wurden ausgeführt im Durchschnitt jährlich		Es blieben im Lande im Durchschnitt jährlich	
	Mill. kg	von der Gesamtproduktion	Mill. kg	von der Gesamtproduktion
Weizen		%		%
1871—1876	1 646,3	37	2 839,7	63
1886—1895	7 296,2	51	7 175,1	49
1895—1904	6 172,7	43	8 253,7	57
Mais				
1871—1876	1 731,4	24	5 571,9	76
1886—1895	6 723,9	39	10 427,3	61
1895—1904	6 876,2	40	10 401,8	60
Roggen				
1871—1876	258,9	61	168,9	39
1886—1895	1 433,1	76	412,1	24
1895—1904	1 043,7	71	425,7	29
Gerste				
1871—1876	1 205,9	71	502,4	29
1886—1895	2 546,8	58	1 810,0	42
1896—1904	2 506,1	62	1 553,6	38
Hafer				
1871—1876	140,9	43	185,3	57
1886—1896	394,4	26	1 111,1	74
1896—1904	910,4	44	1 152,7	56
Hirse				
1871—1876	32,6	9	213,6	91
1886—1895	228,1	33	423,7	67
1895—1904	259,0	53	215,5	47
Raps				
1871 1876	135,8	66	68,0	34
1886—1895	393,0	94	25,7	6
1896—1904	448,5	84	84,6	16

lionen Francs; dabei wurde gleichzeitig Mehl im Werte von 79 Millionen Francs ausgeführt.

Wie war diese enorme Erhöhung der Pachtpreise, die Zunahme der Anbaufläche und der Getreideausfuhr möglich, ohne daß die Getreidepreise gestiegen wären?

Einen gewissen Einfluß hat die Vervollkommnung der Landbautechnik gehabt; sie ist aber, wie wir gesehen haben, nicht ausschlaggebend, weil die Steigerung des Bodenertrages gegen früher nicht einmal 10 % beträgt, während die Pachtpreise sich in den letzten 25 Jahren teilweise vervierfacht haben[1]. Die Verbesserung der Verkehrswege und der Bau

[1] S. P. Radianu, Din trecutul si presentul Agriculturei etc. S. 486.

der Eisenbahnen allein können diese Entwicklung auch nicht erklären. Die Ausdehnung der Betriebsfläche verlangt Aufwendung von Kapital. Bei der ländlichen Hypothekenbank leihen die Gutsbesitzer nicht ausschließlich Geld, um ihre Güter zu verbessern. Die landwirtschaftliche Bank, (Banca agricola)[1], die den großen Landwirten gegen Pfand Geld zu 9—10 % gibt, hatte 1903 58 522 080 Francs und 1904 56 014 001 Francs ausgeliehen. Die Summe ist aber nicht lediglich für Meliorationen verwendet worden, sondern auch zur Zahlung des Pachtzinses, denn in den schlechten Jahren werden die Pächter auch schwer getroffen. Für die Fläche von 2 082 593 ha (soviel betragen die Betriebe über 100 ha) oder für den beinahe 4 Mill. ha umfassenden Großgrundbesitz überhaupt, wovon über 3 Mill. ha kultiviert werden, würden die geliehenen Summen keine Überschuldung bedeuten, wenn sie wirklich für Meliorationen angewendet worden wären. Einzig und allein aus der Agrarverfassung und der Knechtung der Bauern erklärt sich die ungeheure Erhöhung der Grund- und Pachtpreise. Die Arbeitsverfassung im landwirtschaftlichen Großbetriebe bringt den Nachteil der weiten Entfernung der Arbeitsstätte vom Hofe mit sich. Dieser Nachteil trifft den Bauer, denn der Pächter kann sich den günstigsten und besten Teil für seinen Betrieb behalten. Der Bauer tut alles; er trägt dem Gutsbesitzer und Pächter sogar die Ernte auf den Hof und an den Hafen. Durch dieses System spart der Pächter Kapital und Arbeit, verschafft sich die Vorteile des Kleinbetriebes und beseitigt die Nachteile des Großbetriebes. Während vor der Bauernbefreiung die Bevölkerung Rumäniens 3 864 848 Einwohner betrug, die fast alle auf dem Lande wohnten und eine Fläche von 2 494 220 ha im Wege des Zwanges kultivierten, bebaut heute eine ländliche Bevölkerung von beinahe 6 000 000 eine Fläche von 5 465 190 ha, also hat heute die bäuerliche Bevölkerung viel mehr zu arbeiten als früher. Ihre Vermehrung hat bei weitem nicht mit der Ausdehnung der kultivierten Fläche Schritt gehalten; es kamen damals auf 100 ha bebautes Land 155 Bauern, heute sind es nur 110; auf den Kopf der Landbevölkerung ist ½ ha Fläche mehr zu kultivieren als vor 45 Jahren. Die Parzellenpachtzinse sind Hand in Hand mit den Boden- und Pachtpreisen gewachsen, wie die folgende Zusammenstellung ergibt:

[1] S. P. Radianu, Op. cit. S. 585.

Ortschaften		Im Jahre 1870 Pachtzins pro ha in Frcs.	Im Jahre 1870 Weidegeld pro Stück Vieh	Im Jahre 1890 Pachtzins pro ha in Frcs.	Im Jahre 1890 Weidegeld pro Stück Vieh	Im Jahre 1906 Pachtzins pro ha in Frcs.	Im Jahre 1906 Weidegeld pro Stück Vieh
Distrikt Roman, Moldau	Dulceschti	28,—	8,—	44,—	15,—	72,—	21,—
	Mirceschti	27,—	6,—	54,—	12,—	65,—	14,—
Distrikt Suceava, Moldau	Paschkani	28,80	6,—	44,80	12,—	49,80	20,—
	Custeschte	16,80	3,—	44,80	10,—	56,—	16,—
Distrikt Jalomitza, Walachei	Ciochina	5,—[1]	1,20	14,—[2]	6,—	40,—[4]	?
	Poiana .	5,—[1]	7,—	16,—[3]	8,—	40,—[5]	10,—
Distrikt Valcea, Walachei	Zavideni	20,—	2,50	40,—	?	70,—	8,—

In der Walachei sind die Pachtpreise von 1890 bis 1906 schneller gewachsen als von 1870 bis 1890.

Nicht so verhält es sich mit den Arbeitspreisen, die, wenn nicht gesunken, doch nur wenig, und seit 1890 in der Moldau fast gar nicht gewachsen sind, wie die folgende Zusammenstellung ergibt[6].

(Siehe Tabelle S. 76.)

Wie leicht und billig ein rumänischer Gutsbesitzer sein Gut bewirtschaften kann, sehen wir am besten aus folgender Rechnung. Ein Bauer in der Gemeinde Mereni de sus bekommt im Jahre 1903 9 Pogons in Teilbau. Dafür leistet er dem Pächter die vollständige Bebauung von 2 Pogons mit Mais und 3 mit Weizen, den Transport der Ernte zur Tenne oder Scheune des Pächters; er muß weiter einen halben Pogon Weizen abernten und zur Tenne bringen, 10 Handarbeitstage und 3 Gespanntage leisten, 3 Hennen und 10 Eier liefern; von der Ernte der 9 Pogons, die er in Teilbau genommen hat, muß er ein Viertel dem Pächter abtreten, noch etwas in Natura für die Bewachung der Felder und 25 kg Mais „zum Backen" geben, und endlich 20 hl Getreide 10 km weit nach Giurgiu schaffen. Die ärmeren Bauern bekommen $4^1/_2$ Pogons in Teilbau und haben dafür dem Pächter zu leisten: das Be-

[1] Oder der Zehnt der Ernte.
[2] Oder ein Sechstel der Ernte.
[3] Oder ein Fünftel der Ernte.
[4] Oder die Hälfte der Ernte.
[5] Oder zwei Fünftel der Ernte.
[6] G. D. Creanga, Grundbesitzverteilung und Bauernfrage in Rumänien in G. Schmollers und M. Serings Forschungen, Heft 129, 1907, S. 9 und 10.

Ortschaften	Es kostete 1 Hektar graben, Mais ernten, schälen und einfahren in den Jahren			Es kostete 1 Hektar Mais schneiden, einsammeln und einfahren in den Jahren			Tagelohn für Handdienste in den Jahren			Tagelohn für Fuhrdienste in den Jahren		
	1870	1890	1906	1870	1890	1906	1870	1890	1906	1870	1890	1906
	Frcs.	Frcs.	Frcs.	Frcs.	Frcs	Frcs.	Frcs.	Frcs.	Frcs.	Frcs.	Frcs.	Frcs.
im Distrikt Roman, Moldau:												
Galbeni	28,—	30,80	33,60	9,25	10,08	14,—	0,80	1,—	1,—	2,—	2,—	2,—
Dulceschti	18,65	35,89	28,—	8,55	13,44	11,20	0,48	1,—	1,20	1,65	2,—	3,—
im Distrikt Suceava, Moldau:												
Paschkani	28,—	33,60	33,60	8,90	12,—	12,—	0,70	0,80	1,—	1,50	2,—	3,—
Custeschti	22,40	28,—	28,—	?	11,20	11,20	0,40	1,—	1,—	1,—	2,—	3,—
im Distrikt Jalomitza, Walachei:												
Ciocina							1,20	1,50	1,50	3,—	3,—	4,—
Poiana							1,20	?	1,50	3,—	3,—	4,—

hacken von 2 Pogons Maisland, das Abernten von 3½ Pogons Weizenland, 15 Arbeitstage, 3 Hennen und 10 Eier, ein Viertel der Ernte von den in Teilbau genommenen 4½ Pogons, und ferner Beförderung der Ernte in die Scheune[1].

Im ersten Falle also, bei 9 Pogons, hat der Bauer den Ertrag von etwa 1,14 ha abzutreten. Es bleibt ihm der Ertrag von 3,36 ha, wofür er, die Leistungen in Geld gerechnet, folgendes dem Pächter zu zahlen hat:

1 ha Maisland vollständig zu bebauen	48	Frcs.
1½ „ Weizenland „ „ „	57	„
½ „ „ abzuernten und die Ernte wegzuschaffen	4	„
3 Gespannarbeitstage	15	„
10 Handarbeitstage	20	„
3 Hennen	3	„
10 Eier	1	„
Transport von 20 hl nach Giurgiu . . .	16	„
Summa	164	Frcs.

Zieht man davon das Weidegeld für 2 Stück Vieh, das der Bauer frei hat, nämlich 8 Frcs. ab, so bleiben 156 Frcs. als Pachtzins für 3,36 ha, also 46 Frcs. pro ha Pacht. Wenn wir die Arbeitskosten für 1,14 ha als Naturalquote des Teilbaulandes hinzurechnen, ergeben sich für 1 Hektar 60 Frcs. Pacht ohne Zinsen und Tilgungsquote des Betriebskapitals des Bauern, sowie seine Ernährung und die Fütterung seines Viehs.

Der Pächter zahlt hier 30 Frcs. Pacht pro Hektar, der Bauer wenigstens das Doppelte.

Die Bebauung eines Hektars Land mit Mais oder Weizen repräsentiert eine Arbeit im Werte von 48 Frcs.; den Pachtzins mit 60 Frcs. hinzugerechnet, macht 108 Frcs. Die Ernte eines mit Mais bebauten Hektars beträgt 3 Kila = 21 hl) zu 45 Frcs.; dies (ergibt 135 Frcs. als Wert des Rohertrags eines Hektars; zieht man davon 108 Frcs. für Pachtzins und Arbeit ab, dann bleiben dem Bauern 27 Frcs. pro Hektar oder für 3,36 ha 90,75 Frcs. Wenn er die Hälfte davon [mehr kann er nicht leisten], mit Weizen bebaut, wird ihm etwas mehr, 130 Frcs., bleiben. 130 Frcs. sind also im besten Falle die Belohnung für die ganze Sommerarbeit eines Bauern, der über 7 ha selbst kultiviert und noch Gespann- und Handdienste geleistet hat. Davon soll eine Familie leben, sollen die Steuern bezahlt, die Betriebsmittel in Stand gehalten und erneuert, die Kinder in die Schule geschickt werden usw. Falls der Bauer mehr als zwei Stück Vieh hält, — und mit nur zwei Stück kann er

[1] Monografia communei rurale Merenii de Sus de Voinea, Stoiau si Dumitrescu, S. 55 ff. Bucuresti 1905.

außer seinem eigenen Lande dem Pächter kaum 7 ha bebauen — hat er diesem als Weidegeld 4 Frcs. pro Stück Vieh zu zahlen.

Dem Pächter hingegen bleibt, nachdem er die Grundsteuern mit $6^1/_2$ % des Nettoertrags bezahlt hat, — der Nettoertrag auf höchstens 35 Frcs. pro Hektar für den Großgrundbesitz gerechnet — ein Gewinn von 100 %. Dabei ist dies noch keine schwere Vereinbarung.

Ein Beispiel schwerer „Vereinbarung" ist das folgende in der Gemeinde Ganciova[1] im Distrikt Dolj vom Jahre 1904. Der Bauer bekommt hier 4 ha für Mais in Teilbau, von welchen er dem Pächter die Hälfte der Ernte abzutreten hat. Der Bauer ist verpflichtet, dem Pächter noch einen Hektar vollständig mit Mais zu bebauen und die Ernte in die Scheune zu bringen, 6 Tage Handdienste und 3 Tage Gespanndienste zu leisten, 20 hl Korn 20 km weit zum Hafen zu schaffen, 50 Stengelbündel zu geben, das Material für die Deckung des Mais in den Scheunen zu liefern, es zum Bestimmungsort zu bringen und die Beete von Maisstengeln zur Aufbewahrung des Mais im Winter zu errichten, endlich noch 2 Hennen und $^1/_{20}$ der Ernte als Wachtgeld abzutreten. Der Bauer zahlt also für 4 ha = 8 Pogons dem Pächter in Geld gerechnet:

4 Pogons,	als die Hälfte der Ernte, vollständig dem Pächter zufallend	94 Frcs.
2 „	mit Mais vollständig bebaut und die Ernte auf die Scheune getragen . .	47 „
2 „	Weizenland abgeerntet	17 „
3	Gespanntage	9 „
6	Handdiensttage	12 „
1	Transport, 20 hl 20 km weit	10 „
2	Hennen	2 „
1	Arbeitstag für die Errichtung der Stengelbeete und das Transportieren des Materials	3 „
		194 Frcs.

Es kommen also auf 4 Pogons 194 Frcs., auf einen Pogon 48,50 Frcs. als Pachtzins. Die 4 Pogons bringen höchstens 7 Kilo Mais zu 45 Frcs., insgesamt 315; zieht man davon den Pachtzins mit 194 Frcs. ab, dann bleiben dem Bauern als Belohnung für die ganze Sommerarbeit 121 Frcs., und das in einem guten Jahr. Als Weidegeld hat er hier für ein Stück Vieh 8 Frcs. zu zahlen, $^1/_2$ Pogon Maisland zu behacken, alle Arbeiten bis zur Unterbringung der Ernte in die Scheune zu leisten und $^1/_2$ Pogon vollständig mit Weizen zu bebauen, vom Pflügen

[1] Siehe Monografia comunei rurale Ganciova de N. Pata 1905. S. 7—8.

bis zum Transport der Ernte auf die Tenne; in Geld umgerechnet macht das 30 Frcs. Wenn man bedenkt, daß auch das Zugvieh mehr dem Pächter als dem Bauern dient, so sieht man, daß der Bauer nichts als ein Sklave ist, der selbst mit seinem Vieh und Kapital nur für andere zu arbeiten hat. Rechnet man auf Zinsen und Tilgung des Betriebskapitals des Bauern 30 Frcs., so bleiben ihm noch weniger als 121 Frcs. für die Sommerarbeit, nämlich 91 Frcs. Der Pächter zahlt für einen Pogon hier weniger als 20 Frcs., während der Bauer mehr als 50 bezahlt. Ich kenne ein Dorf, Baneasa im Distrikt Arges, wo der Bauer für einen Pogon Maisland in Geld 54 Frcs. Pachtzins zahlt; ein Pogon kann nicht viel mehr als den Pachtzins bringen, so daß der Bauer ebenso gut den Mais vom Markt kaufen könnte, ohne arbeiten zu müssen. Der Pächter zahlte im gegenwärtigen Falle 15 Frcs. pro Pogon, so daß sich ihm das Geschäft mit beinahe 300 % rentierte. Ein Gewinn von 100—200 % ist bei dem Pachtwucher in Geld oder „Vereinbarungen" landesüblich. In der Moldau pachtet der Pächter für 15—25 Frcs. eine Falce und verpachtet sie dem Bauern für 80—120 Frcs. Der jetzige Kultusminister in Rumänien, Spiru Haret, berichtet in seinem Buch über die Agrarfrage[1] von einem Fall, wo ein jüdischer Pächter im Distrikt Iasi die Bauern genötigt hat, ihm 240 Frcs. Pachtzins für eine Falce Wiesenland, wofür er selbst nur 12 Frcs. Pacht zahlte, zu entrichten.

Der Betrieb ist im allgemeinen rückständig geblieben. Es gibt Pächter, die auf demselben Boden, ohne ihn zu düngen, jahrelang dieselbe Pflanze bauen lassen. Mit aus diesem Grunde ist die Pachtung eine immer beliebtere Beschäftigung geworden. Da die Rentabilität der Güter auf den „Vereinbarungen" beruht, suchen die Pächter mit allen Mitteln die Bauern zu zwingen, solche Abmachungen einzugehen. Dazu nutzen sie jeden Moment aus, in dem der Bauer in Verlegenheit ist, sei es, daß dieser Geld oder Holz braucht — denn die sämtlichen Wälder befinden sich in den Händen der Großgrundbesitzer —, sei es, daß er (wie schon seit langem, besonders nach den Mißernten) im Winter Mais für die Ernährung seiner Familie braucht; heute haben die Bauern in ihrer Allgemeinheit im März schon keinen Mais mehr und sind auf den Pächter angewiesen, der ihnen nichts gibt, ehe sie nicht auf die „Vereinbarungen" eingegangen sind. Ebenso läßt er das Vieh des Bauern nicht zur Weide, wenn dieser sich nicht „auch mit dem Boden" verdingt; oder er verlangt in diesem Falle ein bedeutend höheres Weidegeld, wie wir oben für die Gemeinde Buteasa de Jos angegeben haben. In dieser Gemeinde gibt es kein anderes Weideland als das vom Pächter über-

[1] Spiru Haret Chestia tărănească. Bucuresti 1905. S. 22.

lassene. Aus diesem Grunde sind auch die reicheren Bauern genötigt, „Vereinbarungen“ einzugehen, weil sie sonst mit der Viehhaltung nicht auskommen können. Um den Bauern in der Hand zu haben, scheut der Pächter keine Mittel. In der Gemeinde Buteasa de Jos — zwingt der Pächter den Bauern, falls dieser nicht seinen Verpflichtungen nachkommen kann, das Doppelte von dem zu zahlen, was er selbst für die ausgebliebene Arbeitsleistung zu zahlen hat[1]. Der Pächter läßt ferner die Teilung der Ernte nicht eher zu, als bis der Bauer allen seinen Verpflichtungen nachgekommen ist, das Herbstpflügen vorgenommen, ihm alle Schulden bezahlt und oft sogar einen neuen ländlichen Vertrag für das folgende Jahr abgeschlossen hat. So kommt es, daß die Ernte des Bauern oft bis Dezember oder Januar auf dem Felde liegen bleibt und dadurch verdirbt oder an Wert verliert. Oft kann der Bauer die Teilung nicht vornehmen, weil er auf seinem eigenen Gütchen beschäftigt ist[2].

Das Gesetz über die ländlichen Verträge vom Jahre 1882 und 1893 Art. 34 verpflichtet die beiden Teile, 10 Tage nach der Ernte die Teilung vorzunehmen; im Falle der Verspätung hat die Kommunalbehörde nach einem Aufruf die Teilung selbst vorzunehmen; der Bauer darf aber nur nach der Vollziehung aller seiner Verpflichtungen seinen Anteil holen, so daß der Pächter doch tut, was er will. Es kommt mißbräuchlich vor, daß der Pächter auch nach Mißernten seinen Anteil am Teilbau wie in guten Jahren holt, so daß dem Bauern gar nichts bleibt[3]. Die Ausnutzungen seitens der Pächter sind noch größer dort, wo die Verträge ungesetzlicherweise mündlich abgeschlossen werden; — es kommt auch vor, daß die Pächter im Einverständnis mit dem Dorfvorsteher die Verträge fälschen und dann die Bauern zu allen möglichen Arbeiten zwingen[4]. Es kommt weiter vor, daß die Pächter dem Bauern keine Quittungen über die geleisteten Arbeiten geben wollen, oder, falls der Bauer die Quittungen verliert, ihn ihm nächsten Jahre zwingen, nochmals, oft doppelt, die „schuldige Arbeit“ zu leisten, gar nicht zu reden von Fällen, wo die Pächter die Wege sperren, um die Bauern zu hindern, sich auf den benachbarten Gütern zu verdingen oder bei der Gemengelage zu ihrem Gütchen zu

[1] Monografiile comunelor rurale din Jud. Vlasca, Gemeinde Trestenicul-de-Jos. S. 30.

[2] Monografia comunei Catanele Dolj de Tutescu. S. 10.

[3] Monografia comunei Pechea Covurlui de Gheorghiu 1905. S. 17.

[4] Siehe C. Tănăsescu si St. Grigorescu. Tocmeli agricole (ländliche Verträge). Bucuresti 1906. Da S. 249 ein Bericht eines Ministerialdirektors, der einen solchen Fall mitteilt. Ebenda S. 257 ff. ein ministerielles Rundschreiben an den Präfekten von 1896, wo auf solchen Mißbrauch aufmerksam gemacht wird.

gehen, oder ihre Produkte wie Eier, Hennen in der Stadt zu verkaufen, bevor sie die Schulden bezahlt haben.

Ich kenne einen Fall aus der Gemeinde Stranbeni im Distrikt Teleorman, wo ein Bauer, nachdem der Gutsbesitzer ihn wegen einer angeblichen Schuld verklagt hatte und vom Gericht abgewiesen war, sich nachher aufhängte, weil der Gutsbesitzer mit ihm keine Vereinbarung mehr hatte treffen wollen, und er sich damit um seine Existenz gebracht glaubte. In einem anderen Fall hat sich ein Bauer, nachdem man ihn mit Gewalt zur Arbeit gebracht hatte, auf dem Felde selbst das Messer ins Herz gestoßen. Wie barbarisch und herzlos die Pächter vorgehen, sieht man an einem mir bekannten Fall aus der Gemeinde Seaca im Distrikt Teleorman, wo ein Pächter die Brunnen vergiftet hat, damit das Wasser ihm allein für die Bewässerung der Felder bliebe. Die Bauern beklagten sich beim Präfekten, und dieser antwortete ihnen, „er dürfe es nicht wagen, den Pächter daran zu hindern, weil dieser ihn zum Präfekten gemacht habe.“ Die Anzahl solcher Mißbräuche ist sehr groß [1]. Großen Nachteilen ist der Bauer ausgesetzt, falls sein Vieh ohne „Vereinbarung“ auf dem Weideland oder den Stoppelfeldern des Pächters weidet. Dieser bringt das Vieh in seinen Stall, hält es da wochenlang, benutzt es, verlangt als Entschädigung 10—20 Frcs. und betrachtet erst dann das Vieh als „vereinbart [2] auf der Weide“. Fast alle Pächter sind harte, rücksichtslose Ausbeuter, ebenso der weitaus größte Teil der Großgrundbesitzer. Die meisten Pächter rekrutieren sich aus Abenteurern, die, nachdem sie alles versucht haben, „wenn alle Stricke reißen“, Pächter werden. Es finden sich darunter bankrotte Kaufleute, politische Agitatoren, mitunter Ausländer aus den unsaubersten Elementen des Balkans, Griechen, Armenier und Juden, die alle nichts als den Pachtvertrag mit bringen. Ein jüdischer Pächter hat im Jahre 1904 ein Gut im Distrikt Buseu gepachtet und dem Gutsbesitzer den verlangten Preis gegeben, ohne das Gut gesehen zu haben; nur danach erkundigte er sich, ob Menschen da wären [3].

„Die Feldarbeit versteht der Pächter nicht, das Wohl des Landes ist ihm gleichgültig, und die Bauern sind in seinen Augen nicht viel mehr als das Vieh; gegenüber dem Acker und seinen 1000 Bearbeitern kennt er kein Mitleid und trägt, wo er es nur kann, zu beider Aussaugung bei. Oft kommt solch ein wirtschaftlicher Abenteurer, ein ungebildeter roher Mensch, nur mit einer naiven Schlauheit begabt, mit leerem Beutel ins Land, pachtet das Gut mit geborgtem Geld, für

---

[1] Siehe die Zusammenstellung in der Zeitschrift Neamul românese, herausgegeben von Prof. Jorga, Jahrg. 1906—07.

[2] Monografi com. rur. Ganciova de N. Pata 1905, S. 8.

[3] Spriru Haret op. cit. S. 23.

das er 5, 10 bis 15 % im Jahre zahlt, läßt die landwirtschaftlichen Betriebsmittel sämtlich verfallen, bringt die Bauern an den Bettelstab, vermindert die Ertragsfähigkeit des Bodens und geht dann über die Grenze mit einer oder mit mehreren Millionen". „In der Moldau wird die ganze Arbeit von den Juden geregelt und beaufsichtigt, sie betrachten den rumänischen Bauern, wie der holländische Farmer in der Kapkolonie seinen Buschmann" [1].

Die Leichtigkeit der Beschäftigung und ihre Rentabilität hat es mit sich gebracht, daß Pächter und Gutsbesitzer viele ausgedehnte Güter der Nachbarschaft und auch von weiter her, durch Pacht in eine Hand gebracht oder sich zu Trustbildungen vereinigt haben. Schon im Jahre 1885 kam es in der Walachei zu einem solchen Trust, der die Bauern durch die Erschwerung der Teilbauverträge zur Auswanderung trieb, obwohl die Gegend schon ohne dies spärlich genug bevölkert war [2]. In der Moldau kam es in jüngster Zeit gleichfalls zu solchen Trustbildungen der jüdischen Pächter. Der berüchtigtste ist der Trust der Gebrüder Fischer, der bis zum Frühling 1907 ein Pachtkönigreich von 200 000 ha in seine Hände gebracht hatte. Dieser Trust geht in der Weise vor, daß er mehrere Jahre vor Ablauf des bestehenden Pachtvertrages die Güter zu bedeutend höheren Preisen und für lange Frist pachtet. Einem Agenten des Trusts, der ein Gut für 40 000 Frcs. pachten wollte, das bisher für 20 000 Frcs. verpachtet war, antwortete der Gutsbesitzer, er wäre dazu bereit, wenn der Trust sich verpflichtete, die bestehenden Vereinbarungen mit den Bauern noch weiter in Kraft zu erhalten. Darauf hat sich der Trust einfach zurückgezogen. Dieser Trust macht wie alle Pächter aus der Landwirtschaft ein Spekulationsgeschäft, indem er 80 % des verpachteten Landes den Bauern in Parzellen für enorme Preise afterverpachtet. Wie Creanga [3] erzählt, beklagte sich bei einer Enquête in der Nordmoldau eine Anzahl von Bauern darüber, daß der Trust ihnen den Pachtzins von 30 auf 70 Frcs. pro Falce erhöht habe. Als sie von einem benachbarten Gut Land hätten in Pacht nehmen wollen, habe der Trust im nächsten Jahre dies selbst gepachtet. Als daraufhin die Bauern nicht mehr Pacht- und Arbeitsverträge abschließen wollten, habe der Trust tiefstehende Landarbeiter aus Galizien, der Bukowina und Masuren geholt, die für spottbillige Preise arbeiteten.

Unter sich leben die Pächter fast immer in freundschaftlichem Verhältnis und verkehren gesellschaftlich nur mit ihren

---

[1] N. Jorga, Geschichte des rumänischen Volkes, Bd. II, S. 404 ff.
[2] Siehe die Zeitung Adevĕrul vom 6. April 1907.
[3] Dr. G. D. Creanga, Situatia arendasilor fată de chestia tărănească. Rede. S. 20. Bucuresti 1907.

Standesgenossen. Nur die Gutsbesitzer und Pächter sind ihnen achtungswerte Menschen. Noch schlimmer ist es, daß die Gutsbesitzer und Pächter den Staat in ihrer Gewalt haben. Ins Abgeordnetenhaus schicken die Bauern 85 % der Bevölkerung, die nur 34 Abgeordnete ausmachen, die übrigen 149 werden vom ersten Kollegium, den Großgrundbesitzern, Großpächtern, Wohlhabenden und Gebildeten, und vom zweiten Kollegium, der Stadtbevölkerung und den kleinen Beamten, gewählt. Im Senat ist der Bauernstand nicht vertreten. Damit man sich einen Begriff machen kann, wie die Bauern ihre 34 Abgeordneten wählen, genügt es zu sagen, daß einzelne Abgeordnete des Bauernkollegiums in der Deputiertenkammer Strohmänner des Trusts waren. Wenn die Bauern es energischer versuchen, eigene Vertreter zu wählen, setzen die Parteien und die Regierung alle Kräfte daran, dies zu verhindern, und scheuen keine Mittel, die Bauern zu bestechen und durch Versprechungen zu täuschen. Daher fallen die Bauern leicht Agitatoren in die Hände, einmal war dies sogar ein Anarchist.

Wie in jedem hochagrarischen Staat ist auch in Rumänien die Stadtbevölkerung von den Pächtern und Großgrundbesitzern abhängig. Bei dem verrotteten Parteileben und dem Mangel an geistigen und sittlichen Faktoren im Gesellschaftsleben ist es dieser Klasse gelungen, die Verwaltung des Landes ihren Zwecken dienstbar zu machen. Auf dem Lande ist der Pächter, selbst der „entrechtete" jüdische, das Gesetz selbst.

Das 1893 modifizierte Gesetz betreffend die Verträge über die ländlichen Arbeiten[1] will das System „bares Geld gegen bare Arbeit einführen", aus dem Grunde, weil eine Arbeit, die heute bezahlt wird, um erst nach ein paar Jahren geleistet zu werden, als Zwangsarbeit erscheine und der Bauer den Ursprung der Arbeitsverpflichtung vergesse. Das gelang jetzt einigermaßen, wo die Verpachtung von Parzellen Platz gegriffen hatte, wo man im ganzen Lande für die Verleihung einer Parzelle unermeßliche Arbeitsverpflichtungen auspressen konnte und der Verarmungsprozeß der Bauern sich rasch vollzog. Nicht am wenigsten trug die Einbürgerung der Geldwirtschaft und die Möglichkeit, durch den blühenden Getreidehandel in den Besitz von Geld zu gelangen, dazu bei.

Das Gesetz beschäftigt sich hauptsächlich mit dem Teilbau, den es immer wie ein reines Arbeitsverhältnis aufgefaßt hat, was er auch tatsächlich geworden ist. Dem Gesetze unterliegen die Verträge über Stück- und Tagarbeiten, die Verpachtung von Weideland gegen Geld und Arbeitsleistungen, sowie die Verträge, wonach der Bauer dem Gutsbesitzer als Leistung für ein Stück Land einen Teil der Ernte abgibt, oder dafür andere Tag- und Stückarbeiten bezw. die voll-

[1] Vgl. S. 54.

ständige Bebauung eines anderen Stückes Land unter gewissen Bedingungen oder Geld leistet.

Diese drei Formen durften unter der Bedingung kombiniert werden, daß im Vertrag vermerkt wurde, für welches Stück Land der Bauer Geld, für welches er eine Quote der Ernte und für welches er Stück- und andere Arbeiten leistet. Weiter unterliegen dem Gesetze die Fuhren und die Arbeiten bei Wein- und sonstigen Gärten und die Verpachtungen von Wiesen- und Weideland gegen Geld.

Das Gesetz steht außerhalb des gemeinen Rechtes und hat den angeblichen Zweck, den Bauern zu schützen. Wenn beide Teile wollen, haben sie das Recht, Verträge kraft gemeinen Rechts zu schließen. Die Vollziehung des Vertrages geschieht durch die Kommunalbehörde, die, falls der Arbeiter nicht seinen Verpflichtungen nachkommt, andere Leute zu den laufenden Preisen an seine Stelle zu setzen hat. Der „Schuldner" hat den Lohn zu bezahlen und ist mit seinem Hab und Gut haftbar. Wenn die Gemeinde andere Arbeiter nicht findet, wird der Fall vor das Kreisgericht gebracht. Das Gericht muß binnen fünf Tagen nach Erhebung der Klage, bei ungenügenden Beweisgründen spätestens binnen zehn Tagen, das Urteil fällen. Dieses kann an dem Bauern für zwei Tage in der Woche, die er für seine Wirtschaft braucht, nicht vollstreckt werden. Der Verkauf der Habe des Bauern, mit Ausnahme von Haus und Land, deren Unveräußerlichkeit durch das Agrargesetz von 1864 sowie durch spätere Kolonisationsgesetze bestimmt ist, geschieht durch den Gemeindevorsteher innerhalb fünf Tagen nach der Abschätzung des Schadens durch die Gemeindebehörde, oder nach dem Erlaß des Urteils des Kreisrichters. Protest kann der Bauer nur innerhalb fünf Tagen erheben, später nicht mehr. Wenn auch von der Gemeinde gewählt, ist der Schulze fast immer in der Hand des oberen Verwaltungskörpers und des Pächters. Dieser besticht ihn durch Schenkung eines Stück Landes und macht ihn zu seinem Werkzeug. Ehe zur Schilderung der bäuerlichen Zustände übergegangen wird, soll zur Ergänzung der bisherigen Darstellung erst von der Verteilung des gesamten ländlichen Besitzes gesprochen werden.

b) Die Besitzverteilung des Grund und Bodens.

Bis vor drei Jahren wußte man nicht genau, wie viel Land die Großgrundbesitzer und wie viel die Bauern besaßen und in welchem Verhältnis die verschiedenen Betriebskategorien zueinander standen. Man begnügte sich mit Schätzungen, die eine günstige Betriebsverteilung ergaben; der Kleingrundbesitz erschien danach zweimal so groß als der Großgrundbesitz.

Erst in letzter Zeit hat man versucht, die Besitzverteilung genauer aus den Grundsteuerrollen zu ermitteln. Das geschah zum erstenmal im Jahre 1902 durch Dr. G. D. Creanga[1] an der Hand der allgemeinen Grundsteuerrollen vom Jahre 1896 und der speziellen Grundsteuerrollen vom Jahre 1902. Der zweite Versuch geschah an der Hand der Grundsteuerrollen von 1905 durch das Finanzministerium[2]. Das Ergebnis dieser beiden Versuche ist ziemlich dasselbe. Die Zahl der Eigentümer ist zwar in Wirklichkeit größer als die von diesen Statistiken angegebene, weil sie, falls mehrere Bauern oder Großgrundbesitzer ihr Eigentum ungeteilt besitzen, nur einen als Eigentümer betrachten. Dieser Fehler wird teilweise dadurch ausgeglichen, daß sehr viele Großgrundbesitzer in verschiedenen Gegenden mehrere Güter haben; in diesem Falle verzeichnet die Statistik denselben Besitzer mehrere Male. Was die Fläche betrifft, so ist zu beachten, daß der Großgrundbesitz in Wirklichkeit weit ausgedehnter ist, als die Statistik angibt, und zwar aus dem Grunde, weil der Großgrundbesitz schwerer zu kontrollieren ist. Sehr viele große Güter sind nämlich noch nicht vermessen; viele Großgrundbesitzer geben den Steuerkommissionen, die ihnen wohlgesinnt sind, — wobei politische Rücksichten nicht wenig mitspielen — ihre Güter und deren Ertrag zu klein an, um sich den Steuern zu entziehen. Der Bauer anderseits ist der Willkür dieser Kommission ausgesetzt, gegen die er schwer etwas ausrichten kann, weil jeder Einspruch Geld kostet. Bei jeder Abschätzung murrt die bäuerliche Bevölkerung über die Steuerkommissionen, weil diese ihre Schollen und deren Ertrag zu hoch einschätzen. Der Kleingrundbesitz ist deshalb in Wirklichkeit nicht so ausgedehnt, wie die Statistik angibt.

Rumänien hat eine Bevölkerung von 6700000 Einwohnern, von denen im Jahre 1904 nur 1114508 in den Städten wohnten; da aber die Bewohner der Vorstädte meistens Landwirte im Haupt- oder Nebenberuf sind, so ergibt sich, daß annähernd 85 % der Bevölkerung zur ländlichen zählen, und das Schwergewicht der volkswirtschaftlichen Tätigkeit in der Landwirtschaft liegt, daß das ganze Staatsgebäude, seine finanzielle und militärische Kraft auf der bäuerlichen Bevölkerung beruht. Deshalb sollte es die vornehmste Pflicht und Aufgabe des Staates sein, diese nach allen Richtungen hin auf ein höheres Niveau zu heben.

Rumäniens Areal beträgt 13135000 ha. Davon sind

---

[1] Dr. G. D. Creanga: Proprietatea rurala si chestiunea țărănească. Bucuresti 1905 und 1907.

[2] Recensământul fiscal din 1905. Bucuresti 1906. (Veröffentlichung des Finanzministeriums).

[3] Dr. G. D. Creanga, Grundbesitzverteilung und Bauernfrage in Rumänien in Schmoller-Serings Forschungen, 1907, S. 90 ff.

7 896 296 ha bebaute Fläche, 2 422 290 ha Wälder; den Rest bilden unkultivierte und unkultivierbare Flächen, wie Gebirge, Straßen, Wohnsitze.

Von den Wäldern gehören

dem Staate	1 065 528 ha
den Gemeinden und juristischen Personen .	125 985 „
privaten Personen	1 150 513 „
der Krone als Domäne	80 264 „

Von Privatpersonen haben nur die Großgrundbesitzer Eigentum am Walde und zwar 800 513 ha, ausnahmsweise mittlere Grundbesitzer und die Gemeinschaften der ehemals freien Bauern, die Razeschi und Moscheni in einer Ausdehnung von 350 000 ha. Dagegen ist die übrige breite Masse der Bauern fast ganz vom Waldbesitz ausgeschlossen.

Die landwirtschaftlich bestellbare Fläche ist nach der Grundsteuerrolle von 1905 folgendermaßen verteilt:

Besitz-kategorien	Fläche in Hektaren	Prozent	Zahl der Besitzungen	Durchschnitts-größe des Be-sitzes in Hektaren
bis 10 ha	3 319 695	41.66	1 015 302	3,27
von 10—50 ha	695 953	8,73	36 318	19,16
„ 50—100 „	165 456	2,08	2 381	69,49
„ 100—500 „	785 719	9,35	2 608	301,27
über 500 „	3 001 473	38,18	1 563	1 920,33
von 100 ha an	3 787 192	47,53	4 171	921.23
Summa	7 968 296	100,00	1 058 176	7,57

Nach den Arbeiten Creangas ergab sich für das Jahr 1896:

Besitz-kategorien	Fläche in Hektaren	Zahl der Besitzungen	Durchschnittsgröße des Besitzes in Hektaren
bis 10 ha	3 153 645	920 939	3,40
von 10—50 ha	695 953	36 318	19,16
„ 50—100 „	166 847	2 405	69,29
„ 100—500 „	816 385	3 314	243,41
500—1000 „	803 084	1 122	
1000—3000 „	1 236 420	771	
3000—5000 „	434 367	112	
über 5000 „	520 095	66	
von 500 ha an	2 993 966	2 071	1 790,71

„Es ist jetzt endgültig festgestellt, daß der Großgrundbesitz von über 100 ha ausgedehnter ist als der Kleingrundbesitz und daß er in Händen von 4171 Personen, einschließlich der juristischen, konzentriert ist. Es gibt 416 Besitzungen von juristischen Personen mit 453 272 ha[1]." Deswegen muß die Zahl der Großgrundbesitzer um 300—400 vermindert werden. In der angegebenen Tabelle sind jedoch der Großgrundbesitz des Staates mit etwa 400 000 ha und der der Krondomänen mit 57 000 ha, sowie die Weinbau- und Pflaumengartenfläche mit 172 000 ha und in der ersten die Weingartenfläche mit 97 830 ha nicht eingeschlossen.

Die Besitzverteilung ist sehr ungünstig, der mittlere Besitz höchst unbedeutend. 4000 Personen allein besitzen ebensoviel Land, wie die eine Million Bauernfamilien. Noch ungünstiger fällt der Umstand ins Gewicht, daß auf dem Lande 408 500 erwachsene Männer leben, die keine direkte (Grund)-Steuer zahlen, also im günstigsten Fall Miteigentümer von Parzellen ihrer Anverwandten sind, und daß von der letzten Zahl schätzungsweise 250 000 bis 300 000 erwachsene Männer, ein Viertel der bäuerlichen Bevölkerung Rumäniens, gar kein Land haben, also reine Proletarier sind. Es befanden sich unter den Kleinbauern 1905:

62 832 die weniger als ½ ha hatten,
81 039 die zwischen ½—1 ha hatten,
147 900 „ „ 1—2 „ „

also 291 771, die nicht genug Land hatten, um selbständig existieren zu können, d. h. 31,68 % der bäuerlichen Bevölkerung bis zu 10 ha können nicht selbständig leben[2].

Die Viehstatistik von 1900 ergab, daß von einer Million Landwirten nur 60 000 vier Stück Vieh hatten. Im Jahre 1864 zählte man noch 71 000 Fronbauern, die vier Stück Vieh hatten — außer den 107 000 freien Bauern, die in der Mehrheit eben so viel Stück Vieh besaßen. Jetzt verstand man, weshalb die Bauern wucherische Vereinbarungen eingingen. Im Jahre 1904, nach schlimmen Mißernten, sah sich die Landbevölkerung auf Staatshilfe angewiesen: 65 % der bäuerlichen Bevölkerung bekamen damals vom Staat Mais zur Ernährung.

In Gebirgsgegenden ist der Großgrundbesitz weniger ausgedehnt als auf dem flachen Lande und in neubesiedelten Gegenden; an der Spitze stehen die Distrikte Dorohoi und Botoschani in der Moldau, wo der Großgrundbesitz (über 100 ha) 64,89 % und 50,44 % der Gesamtfläche, der kleine Grundbesitz (bis 100 ha) 26,13 % und 25,58 % der gesamten Fläche einnimmt. Ebenso umfaßt der Großgrundbesitz in der Walachei in den Distrikten Teleorman und Vlasca 52,37 %, und 39,67 % der Fläche des Distriktes, der kleine Grund-

[1] Recensamantul fiseal din 1905, S. VI.
[2] Vgl. Creanga, Grundbesitzverteilung usw. S. 98—99.

besitz dagegen nur 33,22 % und 31,55 % der Fläche. In Gebirgsdistrikten entfallen wie in Muscel und Gorj, in der Walachei auf den Großbesitz 12,06 % und 5,18 %, dagegen auf den Kleinbesitz 22,50 % und 34,53 % der Distriktsfläche.

Wenn man als Basis den steuerbaren Reinertrag der selbstbewirtschafteten und der verpachteten Güter von mehr als 100 ha nimmt, findet man, daß 59,79 % von ihnen mit einer Fläche von 2293961 ha verpachtet sind. Nach Creanga beträgt die verpachtete Fläche 2334145 ha = 56,86 % der Gesamtfläche des Grundbesitzes. Das Großgrundeigentum ist im Verhältnis zu seiner Größe, wie folgt, verpachtet:

Großgrundbesitz-kategorie	1905 Verpachtet in % s. Größe	1896 Verpachtet in % s. Größe
Über 3000 ha	74	72,89
1000—3000 „	58	58,33
500—1000 „	57	58,23
100—500 „	50	50,17
50—100 „	—	24,09

Die Statistik der landwirtschaftlichen Betriebe ergibt, daß die Verpachtung der größeren Güter über 100 ha in der Ebene der Moldau viel üblicher ist als im Gebirge und hier wieder mehr als in der Walachei. So wurden im Jahre 1905 von der landwirtschaftlich bestellten Fläche des Großgrundbesitzes über 100 ha im Distrikt Dorohoi 76 %, in Botosani 72 %, in Jasi 79 %, in Putna 78 % von Großpächtern bewirtschaftet. In den zehn Distrikten des flachen Landes in der Moldau sind 67 % der Betriebe Pachtbetriebe. In den acht gebirgigen Distrikten der Walachei werden 58 % der Betriebe über 100 ha in Pacht bewirtschaftet, in den acht Distrikten der Donauebene dagegen 61 %, am meisten im Distrikt Vlaschca, nämlich 71 %, in Ilfov und Jalomitza 65 %, in den anderen weniger. Nur in der Provinz Dobroudscha, die eine andere Agrarverfassung hat, liegen die Verhältnisse besser, dort werden nur 28 % der Betriebe über 100 ha in Pachtform bewirtschaftet.

Im ganzen Lande werden nach der Statistik 61,61 % der Betriebe über 100 ha durch Großpächter bewirtschaftet und nur 38,39 % von den Eigentümern selbst.

Von der verpachteten Fläche, 2293964 ha, sind von 50 ha an

1445285	ha an	2417	Rumänen,
1848679	„ „	915	Ausländer, davon
436446	„ „	472	Juden[1] verpachtet.

[1] Die Zahlen sind vom Ministerpräsidenten D. Sturdza im März 1907 in der Kammer mitgeteilt worden.

Von den beiden Pachttrusts hatten im

Jahr	der Fischer-trust	der Juster-trust	Summa
1903	138 423 ha	— ha	138 423 ha
1905	159 399 „	30 152 „	189 551 „

Der Trust Gebrüder Fischer ist somit in zwei Jahren um 20 976 ha gewachsen.

Ein Vergleich der Ergebnisse aus den Grundsteuerrollen von 1896 und 1905 ergibt folgende Verschiebungen in den Größenverhältnissen der Besitzkategorien:

Besitzkategorie	+ Zunahme — Abnahme	Durchschnittsgröße des Besitzes in Hektaren 1896	1901
bis 10 ha	+ 166 051 ha	3,40	3,27
von 10—50 ha	—	—	—
„ 50—100 „	— 1 391 „	69,29	69,49
„ 100—500 „	— 30 666 „	243,41	301,27
über 500 „	+ 7 507 „	1 790,71	1 920,33.

Daraus ergibt sich, daß zwar der Kleingrundbesitz absolut und relativ gewachsen ist[1], daß jedoch die Durchschnittsfläche eines bäuerlichen Besitzes gesunken ist; der mittlere Besitz von 50—100 ha hat unbedeutend abgenommen, während seine Durchschnittsfläche etwas zugenommen hat; bei den größeren Besitzklassen ist neben einer freilich nur geringen Zunahme der Fläche eine Konzentration des Bodens in den Händen weniger Personen zu bemerken. Leider fehlen die Daten der wichtigen Kategorie des mittleren Besitzes zwischen 10—50 ha. Die Pulverisierung des kleinen Besitzes sowie die Konzentration des großen und die Abnahme des mittleren Besitzes sind unerfreuliche Erscheinungen.

Da eine einzelne Person unmöglich so große Flächen selbst bewirtschaften kann, so bringt die Konzentration die Zunahme der Pachtwirtschaft mit sich, während die Bauernschaft durch das Parzellenpacht- und Teilbausystem weiter herabzusinken droht. Während 1896 nur 58 % des gesamten Großgrundbesitzes in mehr als 100 ha Umfang verpachtet waren, sind heute 59,70 % verpachtet.

Die Lage wird dadurch noch gefährlicher, daß die Oligarchie von 4000 Großgrundbesitzern jedes Ideals und Pflichtgefühls entbehrt, daß sie das Land zur Revolution und zu anarchischen Zuständen gebracht hat und daß durch ihre Schuld Rumänien nach einem 40jährigen liberalen Verfassungsleben noch nicht einmal ein Rechtsstaat geworden ist. Wie niedrig ihr moralisches Niveau und ihr Pflichtgefühl

---

[1] Von 1897—1905 sind vom Staate den Bauern 153 445 ha verkauft worden.

und wie unbrauchbar sie ist, beweist hinlänglich die Tatsache, daß sie ihre Güter dem ersten besten überläßt, der am wenigsten Mitleid für ihre Bauern hat, daß sie das dem armen Volke und dem Boden des Vaterlands abgepreßte Geld an Vergnügungsplätzen des Auslandes verbringt, oder daß sie leidenschaftlich dabei mitwirkt, das politische Leben Rumäniens zu verderben, indem sie nur ihre persönlichen und Cliqueninteressen verfolgt. Um das Schicksal der 5 000 000 Bauern aber, der Stärke und Zukunft der Nation, hat sie sich bislang nicht gekümmert. Um ihren „standesgemäßen" üppigen Unterhalt zu genießen und zu erhöhen, Paläste zu bauen und locker zu leben, hat sie in ihrer gefährlichen Unwissenheit mit ihren Pächtern zusammen Raubbau an der Volkskraft getrieben. Je üppiger sie lebt, desto schlimmer geht es dem Bauern und desto schlechter lebt er.

c) Bäuerliche Zustände.

Die Lebensweise des rumänischen Bauern ist durchweg eine äußerst niedrige, was Wohnung, Bekleidung und Nahrung anbetrifft.

Das typische rumänische Bauernhaus besteht aus drei nebeneinanderliegenden Räumen. Der mittlere, in dem mit dem Herd sich zugleich die Küche des Bauern befindet, ist ein sehr enger, während die anderen etwas größer sind; die bäuerliche Familie wohnt nur in dem einen dieser beiden Räume, der andere ist für den Empfang der Besucher bestimmt.

Das Haus wird folgendermaßen gebaut: Nachdem der Bauer einen Kreis oder ein Oval von Weidenpflöcken in einer Höhe von 6—7 Fuß aufgestellt hat, verbindet er dieselben mit Weidenruten. Diese so entstandene Wand bekleidet er mit den Exkrementen seiner Ochsen, mit Straßenkot oder mit Lehm und Mist. In der Moldau werden zwei Rutenwände errichtet, und deren Zwischenraum mit Lehmrollen-Walzen ausgefüllt. Nach außen und innen werden die Wände mit Lehm bekleidet. Oft wird diese Lehmbekleidung gar nicht mehr mit Kalk bestrichen, sodaß die Luft im Zimmer voller Staub ist. Von der Benutzung von Ziegel zum Bauen ist kaum die Rede, höchstens werden ein paar Ziegel zum Herde gebraucht. Das Dach des Hauses besteht im besten Falle aus Schindeln, sonst aber aus Rohrschilf, Maisstengeln und Stroh. Meistens ist die blanke Erde der Boden des Zimmers. Die Fenster sind fast immer so befestigt, daß sie nicht geöffnet werden können. Während des Winters lüften die Bauern aus Angst vor der Kälte ihre Wohnungen gar nicht.

Zum Glück schließen die Türen nicht fest, so daß die Luft durch Löcher hereinkommt. Im Frühling sehen die Bewohner wie die Schatten aus.

Eine Enquete über die Wohnungsverhältnisse von 164 Dorfgemeinden, allerdings den besser situierten, in denen Kreisärzte ihren Sitz haben, kann uns von den Wohnungsverhältnissen auf dem platten Lande ein besseres Bild geben. In diesen Gemeinden wurden 28 509 Wohnungen gefunden.

Darunter befanden sich 10 624 Wohnungen mit Wänden aus Ruten — die mit Mist und Lehm bekleidet waren — das sind	373 ‰,
von diesen letzteren waren 1171 ungekalkt. Ferner gab es 6303 Batzenbauten (davon 157 ungekalkt) mit Mit und Lehm bekleidet, das sind . . .	121 „
Weiter gab es 6070 Wohnungen aus Balken, mit Mist bekleidet (davon 443 ungekalkt), das sind	213 „
2208 (davon 168 ungekalkt) waren Ziegelwohnungen, das sind	78 „
1607 (davon 151 ungekalkt) bestanden aus das sind	56 „
932 (davon 142 ungekalkt) hatten Wände aus Stroh und Mist, die im Regen vermischt, unter zwei Brettern geformt und getrocknet waren, das sind	33 „
638 (davon 241 ungekalkt) waren Erdgruben, das sind	22 „
und 127 (3 ungekalkt) waren Steinhäuser, das sind	4 „

Die Mehrzahl, nämlich 19 466, das sind 683 ‰, von allen Wohnungen bestand aus schlechtem, billigen und gesundheitschädlichem Material.

Von 28 509 Wohnungen hatten

nur einen Raum . .	1 083,	d. h.	38 ‰,
2 Räume und Flur .	9 907,	„	347 „
2 Räume	14 365,	„	504 „
mehr als 2 Räume .	3 154,	„	111 „

Von 9 119 Wohnungen, die möglicherweise ein Zimmer mit Küche hatten, nahmen 6322, d. h. 693 ‰ einen kleineren Umfang als 50 cbm ein, und nur der Rest von 2797, d. h. 307 ‰ einen größeren.

Von den 6322 Wohnungen mit einem geringeren Raum als 50 cbm waren 2333 (das sind 372,5 ‰) von Familien, die nicht mehr als drei Mitglieder zählten, bewohnt; 2359, d. h. 373 ‰ von Familien mit 3—5 Mitgliedern und 1610 das sind 255 ‰ von Familien mit 5—8 Mitgliedern.

Von 14 030 untersuchten Wohnungen mit 2 Zimmern und Küche hatten nur 4 723 (d. h. 365 ‰) einen größeren Raum als 50 cbm, der Rest von 9307 Wohnungen (also 635 ‰) einen kleineren. Von diesen letzteren waren 3204, das sind 344 ‰ von Familien bis zu 3 Mitgliedern, 3374, das sind 363 ‰ von Familien von 3—5 Mitgliedern und 2729, d. h. 293 ‰ von Familien von 5—8 Mitgliedern bewohnt.

Von den anderen 4723 Wohnungen mit 2 Zimmern und einen Raum von über 50 cbm waren 1521 (322 ‰) von Familien bis zu 3 Mitgliedern, 1735 (368 ‰) von Familien mit 3—5 Mitgliedern und 1467 (310 ‰) von Familien mit 5—8 Mitgliedern bewohnt.

Von 14 365 Wohnungen mit 2 Zimmern war tatsächlich bei 12 669 (883 ‰) nur ein Zimmer bewohnt. Von 25 446 untersuchten Wohnungen hat man gefunden, daß in 16 174 (635 ‰) das Essen im Wohnzimmer bereitet wurde; nur in 9272 Wohnungen (365 ‰) war die Küche abgesondert.

Von 26 242 untersuchten Wohnungen hatten 23 242 (879 ‰) als Boden Lehm oder die blanke Erde und nur 3205 (121 ‰) hatten einen Holzbretterboden. Unter 26 429 Wohnungen befanden sich 7831 (296 ‰), bei welchen die Fenster festgenagelt waren. Von 16 871 Wohnungen hatten 8152 (482 ‰) keine Backöfen, von 24 906 Wohnungen waren 8858 (355 ‰) mit Rohrschilf bedeckt, 8319 (334 ‰) mit Schindeln und Brettern, 5803 (233 ‰) mit Stroh und Stengeln, 1119 (44 ‰), mit Ziegeln und 807 (34 ‰) mit Lehm. Von 28 088 Wohnungen hatten 22 379 (796 ‰) keine Aborte; nur der Rest hatte solche, aber nur primitiv gebaute; oft waren es nur ungedeckte Gruben.

Doch macht sich eine Tendenz zur Besserung der Wohnungsverhältnisse bemerkbar; sogar die ärmeren Bauern bauen jetzt bessere Wohnungen als früher. Beim Bau des Hauses helfen die Bauern einander. Im Jahre 1897 waren in ganz Rumänien von 915 093 Wohnungen auf dem platten Lande 46 915 Erdgruben, d. h. 51 ‰. Die genannte Enquete gibt als Verhältniszahl der Erdgruben zu den gesamten Wohnungen auf dem Lande: 22,37 ‰ an.

Das Mobiliar des Wohnungszimmers ist sehr ärmlich. Die Bretterbetten sind festgemacht. Das Unterbett ist von Stroh oder Binsen geflochten. Kissen und Matratzen kennt der arme Bauer nicht; nur die wohlhabenden in den Gebirgsgegenden haben solche, die aber mit Heu oder Stroh gefüllt sind. Von der Tagesarbeit ermüdet, mit einem groben Teppich bedeckt, schläft der Bauer fest. Eine oder zwei Kisten und ein kleiner niedriger Tisch machen das ganze Mobiliar des Hauses aus. Fast nirgend findet sich eine Uhr, ja nicht einmal Stühle und Vorhänge am Fenster sind vorhanden. Oft hat das Fenster keine Glasscheiben, sondern wird mit Papier zugeklebt. Bessere Sachen werden nicht benützt, sondern „rein" gehalten. Die Reinlichkeit der Wohnungen steht in direktem Verhältnis zur Wohlhabenheit.

Was die Bekleidung betrifft, so ist sie ebenso ärmlich,

---

[1] Dr. Cazacu, Locuinta săteanului (die Wohnung des Bauern) in der Zeitschrift „Viata românească, Dezember 1906.

ungenügend und dürftig wie die Wohnung. Im Winter trägt der Bauer einen Rock aus Schafpelz, eine Pelzmütze und Hanfbeinkleider, sodaß die Beine gar nicht vor Kälte geschützt sind; als Fußbekleidung benutzt er Bastschuhe, die jede Feuchtigkeit durchlassen und oft wochenlang, Tag und Nacht, getragen werden. Im Sommer trägt er ein Hanfhemd, Hanfbeinkleider und einen Tuchhut, und immer, Winter wie Sommer, einen breiten Ledergürtel; die Füße bleiben nackt. So ist die ganze Sommerkleidung eines Bauern aus der Donauebene nicht einmal 3 Mark wert. Ein Nachthemd kennt er nicht. Fast die ganze Bekleidung wird in seinem Hause gefertigt, Pelzhut und Kleid halten 5—6 Jahre, ja noch länger.

Was die Ernährungsweise betrifft, so ist der Bauer ein reiner Vegetarianer; 18—20 Wochen im Jahre, solange die religiösen Fasten dauern, fastet er streng und außerdem jeden Mittwoch und Freitag, oft auch am Montag. In der Fastenzeit vermeidet er nicht nur Fleisch, sondern sogar Eier, Milch und Öl. Seine tägliche Nahrung besteht aus Polenta (Maismehl), außerdem aus Bohnen, Kohl, Kartoffeln, Zwiebeln, Knoblauch, selten aus Milch, Eiern und noch seltener aus Fleisch. Immer seltener wird das Weihnachtsschwein geschlachtet, und ebenso seltener wird Milch auf dem Tische des Bauern gesehen. „Die große Schwierigkeit bei unserem Kampfe gegen das Typhus- und Scharlachfieber ist eben der Mangel an Milch", schreibt ein Kreisarzt[1]. Er erzählt, wie er in seiner Amtstätigkeit eine Gemeinde gefunden habe, wo die Typhuskranken als Nahrung nur Gerstenbrot hatten und bemerkt dazu: „Die Luxuspferde der großen Gutsbesitzer haben es besser, weil sie wenigstens einen dazu geschaffenen Magen haben, während die Natur so unvorsichtig war, die Bauern mit einem solchen nicht zu versehen." Der Bauer konsumiert weniger Eiweißstoffe und Fett, aber mehr Kohlenhydrate, als der Normalportion für einen Menschen entspricht. Die große Menge der Kohlenhydrate ist dadurch zu erklären, daß der Organismus, den wichtigsten Nahrungsstoff, Eiweiß, auf alle Fälle braucht. Die Hauptnahrung Polenta enthält aber nur 7—12 % Eiweißstoffe, 7—14 % Fette, 11 % Säure und 60—68 % nicht stickstoffhaltige Materien; sie muß also, um die nötigen Nahrungsstoffe zu geben — wie z. B. 157 g Eiweißstoff, 64 g Fette usw. — in großen Quantitäten konsumiert werden, was die Verdauung erschwert und zum Verbrauch von Kleiensuppe, Zwiebeln, Knoblauch, Pfeffer, Essig, Wein, Zwetschgen- und Glühwein anregt. Die Überladung des Magens bringt eine Erweiterung der Darmhaut mit sich; daher rühren gewisse Magenkrankheiten, von denen bei uns kein Bauer frei ist. Die ungenügende

[1] Dr. N. Lupu, Alimentatia săteanului in Zeitschrift Viata (Leben) românească, Juni 1906.

Zufuhr von Eiweiß hat im Verein mit der Ausbeutung der Arbeitskraft den Verfall und die Schwäche des Organismus sowie frühzeitige Alterserscheinungen, die bei uns allgemein sind, zur Folge. Die Frauen auf dem Lande altern schon mit 30 Jahren, die Männer mit 50 Jahren. Die ungenügende Quantität an konsumierten Fetten schwächt die Widerstandskraft des Bauern gegen die Kälte. So trägt alles zur Verminderung seiner Arbeitskraft bei. Statt den Bauern zu bewundern, wie er dabei noch imstande ist, so viel Energie zu entfalten — was ein Rätsel ist — klagen die Pächter, daß der Bauer faul sei, daß er auch in der Not nicht arbeiten wolle. Das ist aber eine unwahre Behauptung, da der Bauer jetzt beinahe doppelt so viel arbeitet als vor 50 Jahren, wie schon oben bewiesen wurde. Das Essen, das der Bauer im Sommer vom Großgrundbesitzer und Pächter bekommt, ist jämmerlich: Es besteht aus einem elenden Brei, der aus schlechten Mais zubereitet ist, den der Pächter nicht verkaufen konnte, außerdem aus verfaultem Käse und Fischen. Dabei rechnet der Pächter für das Essen, das er dem Bauern den Tag über gibt, nicht weniger als 10—15 Cts. vom Tagelohn ab.

Die Ernährung des Bauern genügt immer weniger und damit schreitet die Degeneration der Bauern fort. Davon zeugt die folgende Zusammenstellung von Zahlen[1] über die Produktion, Ausfuhr und innere Konsumtion von Mais:

Jahre	Produktion	Ausfuhr in Waggons	Innerer Konsum nach Waggons	Bevölkerungszahl	pro Kopf d. Bevölkerung
1876	125 000	26 000	99 000	4 300 000	230
1886—1890	157 000	60 000	97 000	5 000 000	194
1891—1895	158 000	72 000	86 000	5 500 000	156
1896—1900	160 000	76 000	90 000	6 000 000	150
1900—1903	192 000	102 000	90 000	6 300 000	146

Also von 230 kg pro Kopf der Bevölkerung hat der Maiskonsum in 20 Jahren auf 146 abgenommen[2].

Die körperliche Degeneration wird durch die sehr große Kindersterblichkeit bezeugt. Von allen im Verlaufe eines Jahres auf dem platten Lande gestorbenen Personen entfielen 30 % auf Kinder unter einem Jahre, 28 % auf Kinder im Alter von 1—4 Jahren und 42 % auf Personen von über 14 Jahren. Die Statistik der militärischen Aushebungen erweist eine immer größer werdende Zahl der vom Militär als dienstuntauglich Zurückgestellten, und allgemein sind die Klagen der

---

[1] Viata românească, März 1906.

[2] Siehe darüber weiter Dr. G. D. Creanga, Grundbesitzverteilung usw. S. 102 ff.

Militärärzte über diesen Mißstand. Leider sind mir die betreffenden Zahlenangaben nicht zugänglich gewesen.

Früher, als die Bauern Viehzucht trieben und in größerem Umfange Land besaßen, ernährten sie sich besser. Die fortschreitende Armut und die Steuerlast zwingen ihn heute, Eier und Hühner seinen Kindern vom Munde weg zu nehmen und sie nach London schicken zu lassen.

Die Krankheiten dezimieren die Bevölkerung, und zwar sind es in erster Reihe Magen- und Fieberkrankheiten. Die geringe Widerstandskraft des Körpers erleichtert ansteckenden Krankheiten den Zutritt. Die schrecklichste Krankheit ist die „Pelagra“ (eine Hautkrankheit), die aus der Ernährung mit verdorbenem Mais entsteht. Der Bauer sieht sich nämlich oft genötigt, den Mais vorzeitig einzuernten und mahlen zu lassen, wobei er dann verdirbt. Die Zahl der „Pelagrosen“ wächst furchtbar; von 10626, die 1888 gezählt wurden, ist die Zahl der Hautkranken heute auf 100000 gestiegen. Es versteht sich von selbst, daß eine so schlecht ernährte Bevölkerung intellektueller Anstrengung nicht fähig ist, daß von ihr eine fortwährend zu entfaltende Arbeit und Energie nicht mehr erwartet werden kann.

Wie überall bringt auch hier das Elend und die unzulängliche Ernährung den Alkoholismus mit sich. In den 3000 Dorfgemeinden gab es im Jahre 1893 17520 Schankwirtshäuser, im Jahre 1905 21000, so daß ein Wirtshaus auf 220 Einwohner kommt. Die Wohnungsenquete, von der ich oben berichtete, ergab bei 28509 Wohnungen 485 Schankwirtschaften, also 17 Wirtshäuser auf 1000 Wohnungen. Die Wirtshäuser sind also ziemlich verbreitet. Unter den alkoholverbrauchenden Ländern nimmt Rumänien eine mittlere Stelle ein. Meistens wird hier Wein, Glühwein, Zwetschgenglühwein, am wenigsten Bier getrunken. Nach der Statistik werden pro Kopf der Bevölkerung 3 Liter reinen Alkohols konsumiert. Infolge mangelnder Beschäftigung, besonders nach Verfall der Viehzucht, halten sich die Bauern im Winter den ganzen Tag in der Schankwirtschaft auf. Das Gefährliche bei dem Alkoholverbrauch ist, daß der Glüh- und Zwetschgenglühwein sehr alkoholhaltig ist. Die Bauern halten aber den Glühwein nicht für schädlich, ja, sogar für stärkend und gesundheitsfördernd.

Das religiöse Gefühl ist im ganzen Lande im Verfall begriffen; lieber als in die Kirche gehen die Bauern am Sonntag ins Wirtshaus. Bloß auf religiöse Äußerlichkeiten legen sie großen Wert, so darauf, alle Fasten zu halten und an den Feiertagen, deren es sehr viele gibt, nicht zu arbeiten.

Der Bildungsstand des Bauern ist ein ebenso niedriger wie seine Lebensweise. Zwar besteht bei uns seit langem allgemeine Schulpflicht; aber diese Bestimmung nützt nichts, wenn andere mächtige Faktoren ihre Anwendung verhindern. Die Bedeutung der Schule, besonders für Mädchen, versteht der Bauer wenig. Vielmehr glaubt er, daß der Dorfschullehrer nicht sein Interesse versteht, wenn dieser seine Kinder in die Schule nimmt, wo sie nur die Zeit tot schlagen, während sie zu Hause etwas arbeiten könnten. Tatsächlich arbeiten die Kinder schon in frühem Alter, diejenigen von 10—12 Jahren wie die Erwachsenen. Übrigens fehlt es auf dem Lande an ordentlichen und genügenden Schulräumen, an Schulmaterial und Personal. Oft plagt sich ein einziger Lehrer mit 100 bis 150 Kindern aus allen Altersklassen, die in einem miserablen kleinen Raum zusammengedrängt sind. „Im ganzen Lande gab es im Jahre 1904 4888433 Einwohner, das sind 82,67 % der gesamten Bevölkerung, die nicht lesen und schreiben konnten. Von dieser Anzahl lebten 4243320 d. h. 86,81 % auf dem Lande und 645113, d. h. 13,19 % in den Städten". Von der Bevölkerung im Alter über 7 Jahren konnten 65 % nicht lesen und schreiben. Die Militärstatistik ergibt, daß in den 5 Jahren 1900—1905 von 223450 Stellungspflichtigen 152763, d. h. 68 % nicht lesen und schreiben konnten. Von allen Neuvermählten konnten im Jahre 1896: 64 % Männer und 85,9 % Frauen und im Jahre 1897: 64,7 % Männer und 87,19 % Frauen nicht lesen und schreiben; auf dem Lande wurden 70,8 % Männer und 94,5 % Frauen gezählt, die nicht lesen und schreiben konnten. In den 4 Schuljahren von 1897 bis 1902 haben von 2832558 Kindern im schulpflichtigen Alter nur 706528 (25 %) die Schule besucht[1].

Dem Bauern fehlt das Bewußtsein, daß er einer staatlichen Gemeinschaft als Glied angehört, mit der er in gegenseitiger sozialer Verpflichtung leben soll. Er hat bloß ein stark ausgeprägtes Klassenbewußtsein. Bei den Aufständen, die in Rumänien chronisch sind, wurden die Bauern aufgefordert zu erklären, wer von ihnen schuldig sei. Da antworteten alle: „wir alle sind schuldig." Im Frühling 1907 als ein allgemeiner Bauernaufstand Staat, Pächter und Gutsbesitzer an den Rand des Verderbens brachte, sind Bauern deshalb in den Aufstand eingetreten, weil andere Bauern aus anderen Gegenden oder aus der Nachbarschaft dasselbe taten. Es wird ein Fall erzählt, wo die Bauern aus einem Dorf in der Nähe der Landeshauptstadt erklärt haben: „Unsere Genossen haben in der Moldau das und das getan, und es ist daher unsere Pflicht hier dasselbe zu tun." Mir ist ein Fall erzählt worden, wo die Bauern in einem Dorf zum Gutsbesitzer gingen und ihm erklärten: „Wir müssen einen Aufstand machen, weil das alle tun." Der Bauer ist sich bewußt, daß er die Stärke des Landes ausmacht und daß sich alles auf

---

[1] Dr. G. Creanga, Proprietatea rurală usw. S. 36–37.

ihm aufbaut, daß er aber keinen anderen Anteil am Staat hat als den, die Lasten zu tragen. „Wir sind der Reichtum und der Spott des Landes“ hat ein Bauer einmal bemerkt. Ohne jede Bildung, vom politischen Leben ausgeschlossen, vom Staat, der sich um seine Interessen nicht kümmert, vernachlässigt, von der Verwaltung geplagt, durch Staat und Pächter beraubt, zur Unterernährung und zu tierischer Lebensweise verdammt, belastet mit den Spuren einer traurigen und an erlittenem Unrecht reichen Vergangenheit, war der rumänische Bauer der geeignetste Stoff für eine Revolution, die auch nicht lange auf sich warten ließ. Im Frühling des Jahres 1907 nach außerordentlich guten Ernten, von denen ihm aber, obgleich sie durch seiner Hände Arbeit hervorgebracht waren, nichts übrig blieb, brach ein allgemeiner schrecklicher Bauernaufstand, eine wahre Revolution, aus. Früher wie Tiere behandelt und als solche betrachtet — jetzt wirklich vertiert — brannten die Bauern die Gutshöfe, Schober usw. nieder und töteten Gutsbesitzer und Pächter. Der Aufstand verlief ruhiger in der Moldau, wo die Bauern meist nur die Reduktion des Pachtbetrags verlangten; in der Walachei dagegen, wo der Aufstand sich bedeutend schrecklicher gestaltete, verlangten sie Aufteilung der Güter oder Erleichterung der Vereinbarungen: den Zehnten als Naturalquote des Teilbaus, wie früher, und unentgeltliche Weide für ihr Vieh.

Vom Vaterland hat der Bauer keine klare Idee, unter „Vaterland“ versteht er sein Gut und sein Dorf; er weiß weiter, daß sich in Bukarest eine Regierung und ein Herrscher, ein König, mit seinen Ministern, Deputierten und anderen Würdenträgern befindet; dahin gehe alles Geld, das von diesen für ihre persönlichen Zwecke verwendet werde; er selbst werde bloß beraubt.

Die in Bukarest seien imstande, nach Belieben Gutes und Schlechtes zu tun, ihm Land zu geben, Gesetze zu machen und ihm neue Steuerlasten aufzubürden. Dagegen murrt er, und tatsächlich drücken ihn auch die Steuern schwer. Nur 17 % aller Staatseinnahmen stammten 1905 aus direkten Steuern, 49 % aus indirekten Steuern und Monopolen, die sehr zahlreich sind, der Rest aus verschiedenen Abgaben und Erwerbseinkünften. Dabei haben die Bauern bis vor kurzem die Akzisen und andere Auflagen an die städtischen Gemeinden tragen müssen: „80 % der Dorfgemeindeeinnahmen dienen dazu, die Budgets des Distriktes und des Staates zu speisen.“ Creanga zeigt, daß von allen Staatseinnahmen auf den Kopf der Bevölkerung 37,56 Frcs. fallen, daß aber von den Staatsausgaben für das Wohl der Bevölkerung nur 3,60 Frcs. auf

[1] Dr. G. D. Creanga, Politica fiscală a judetelor si comunelor in genere si fată de tărănime in special. Bucuresti 1901. S. 8—9.

den Landmann, dagegen 35,60 Frcs. auf den Städter kommen. Wie die Steuerlasten in den letzten Dezennien gewachsen sind, zeigen die folgenden Zahlen.

An Steuern wurden eingezogen:

Im Jahr	Einnahmen	Zahl der Steuerpflichtigen
1865	54 747 769 Frcs.	779 225 (nach 1864)
1903/04	246 759 270 „	972 000.

Die Staatseinnahmen haben sich in 40 Jahren mehr als vervierfacht.

Die Staatsschuld wuchs von 10 112 353 im Jahre 1864 auf 1 421 824 804 Frcs. im Jahre 1907.

Die Steuern werden mit großer Härte erhoben; dazu kommt noch die Willkür der Beamten. Wenn der Bauer die Steuer nicht zahlen kann, werden ihm die Ernten beschlagnahmt und verkauft, wobei die Steuereinnehmer gute Geschäfte machen. Wenn man auf dem Lande reist, sieht man am Hause des Schulzenamts die Habseligkeiten der Bauern angehäuft, die die Steuern nicht haben zahlen können. Im harten Winter des Jahres 1907 wurde, um einen Fall zu zitieren, einem Bauern in der Gemeinde Liteni vom Steuererheber das Pelzkleid mitten auf der Straße vom Leibe gerissen.

Wenn den Bauern die Steuern oder Krankheit und Tod eines Familiengliedes nötigen, Geld zu leihen, geht er zu dem Pächter oder Gutsbesitzer, und erhält es zu schweren Bedingungen. Wenn die Bauern sich mit Geld untereinander helfen, werden fast immer nur niedrige Zinsen genommen, während Gutsbesitzer und Pächter ihre Not möglichst ausbeuten. In 1451 von 3000 Dorfgemeinden ist im Jahre 1900 eine Enquete über die Kreditverhältnisse angestellt worden, deren Ergebnisse die folgenden sind:

Von 100 Gemeindemitgliedern zahlten einen Zins

		%
18	=	0—8
18	=	8—20
9	=	20—24
22	=	24—36
22	=	36—60
9	=	60—120
1	=	250
0,8	=	bis 350
0,2	=	500.

In den meisten Fällen ist der Schankwirt der Wucherer. Die Juden borgen oft bei wohlhabenden Bauern Geld, geben diesen dafür niedrigere Zinsen und verleihen es dann an die ärmeren gegen 100 % Gewinn. Es wird oft abgemacht, daß der Bauer die Zinsen für das geliehene Geld in Natura nach der Ernte zu zahlen hat. Besonders häufig machen die Schankwirte solche Geschäfte; kaufen sie auch für Lieferung der oft verfälschten Getränke billig die Erzeugnisse von den Bauern 5—6 Monate vor der Ernte. „Ich kenne Fälle, in denen die Schankwirte für solche Käufe in ein paar Monaten 300 % einnehmen", sagt der jetzige Kultusminister Sp. Haret[1]. Wenn der Bauer vom Schankwirt im Winter Lebensmittel für seinen Unterhalt auf Kredit nimmt, so hat er im Sommer dafür eine doppelte Quantität zurückzuerstatten. Es ist mir ein Fall aus der Gemeinde Rudari Dolj erzählt worden, wo ein Wirt solche Geschäfte mit 100 Frcs. anfing und nach dre Jahren sich im Besitz von 20 000 Frcs., einer Mühle und einer Dreschmaschine befand.

„Im allgemeinen verkaufen die Bauern ihre Produkte um 20—30 % billiger als die Großgrundbesitzer[1]." „Nach der bescheidensten Rechnung verliert jede Bauernfamilie jährlich beim Verkauf ihrer Produkte. So gehen von ihnen jährlich mehrere zehn Millionen in die Taschen der Makler und Spekulanten, die fast immer Fremde sind." „Wenn der Bauer Geld braucht, geht er schnell zu einem Getreidehändler und verkauft 200 kg Mais für nur 6—8 Frcs., so daß ihm für den Winter nichts mehr bleibt. Auf dem Markt kosten 200 kg aber 20 Frcs., so daß der Getreidehändler über 100 % verdient[2].

Die schlimmste und traurigste Folge der Armut des Bauern ist die, daß er oft seine eigene Parzelle verpachtet. Fast in jedem Dorf kommen seit längerer Zeit solche Verpachtungen vor. Zunächst verpachten diejenigen Bauern, die bei der Befreiung Land in anderen Dörfern bekommen, ferner solche, die infolge der verschiedenen Kolonisationsgesetze Land erhalten haben, ohne Ackerbauer zu sein, dann aber auch die ärmeren Bauern ihre Parzellen. Die Verpachtung geschieht auf 30—40, ja auf 90 Jahre. Die Pächter sind wohlhabende Bauern, Schankwirte, auch oft Spekulanten. Die Pachtpreise sind sehr gering. So verpachten die Bauern in der Gemeinde Ganciova ihre Parzellen zu 5 und 7 Frcs. jährlich pro Pogon, während der Großpächter an die Bauern zu 20 bis 30 Frcs. und in „Vereinbarung" zu über 50 Frcs. pro Pogon verpachtet.

Diese Verpachtungen nehmen stellenweise eine sehr große und gefährliche Ausdehnung an. In der Gemeinde Cucurucz[3] hatten im Jahre 1903 von 252 kleinen Besitzern 195 ihr Land an Händler, Dorfschullehrer und andere wohlhabende Dorfeinwohner verpachtet. Eine Enquete von D. Protopopescu[4],

[1] Sp. Haret, Op. cit. S. 43—44.
[2] Monografile comunei Sipotele Distrikt Jasi. Xenopols Archiva, Jahrg. XIV.
[3] Monografile com. rur. din Jud. Vlasca, S. 199.
[4] Camata la sate (Wucher auf dem Lande) 1904. S. 7 ff.

dem langjährigen Direktor der Hypothekenbank für den ländlichen Besitz, wirft auf diese Verhältnisse ein trauriges Licht. So verpachtete durch Vertrag ein Bauer D. R. aus der Gemeinde Balteni im Distrikt Dambovitza, „da er Mais zur Ernährung brauchte und andere Mittel nicht hatte" einen Pogon für die Jahre 1904, 1905 und 1906 dem Herrn I. D. Der Pachtzins von 33 Frcs. wurde vorher bezahlt. „Der Bauer verpflichtete sich obendrein, die Grundsteuern zu zahlen, das verpachtete Land selbst zu bestellen und dem Herrn Pächter die Hälfte der Produkte abzutreten. „Falls ich es nicht ordentlich bebaue, hat der Pächter das Recht, das Land „after zu verpachten". Der sog. Pächter erhielt also für 12 Frcs. die Hälfte des Bruttoertrages eines Pogons und das Recht, den Bauern von seiner Scholle zu treiben. Ein Pogon warf in dieser reichen, bevölkerten Gegend 80—90, ja 100 Frcs. ab; es blieben also dem Spekulanten 40—50 Frcs. Reingewinn bei 12 Frcs. Ausgaben, das war ein Gewinn von 300—400 %. Derselbe „Pächter" I. D. hatte für 128 Pogons und ein anderer D. N. für 68 Pogons in derselben Gemeinde ähnliche Geschäfte gemacht. Beide hatten in fünf benachbarten Gemeinden, die 21 % ihres Bodens verpachteten, 1038 Pogons = 500 ha in ihre Hände gebracht, das waren 70 % des verpachteten Landes, während nur 30 % davon an andere Bauern verpachtet waren. Die Formen solcher Geschäfte waren sehr verschieden. So lieh im Jahre 1901 ein Bauer I. M. von C. S. 200 Frcs. mit 48 % jährliche Zinsen. Falls der Bauer am Schluß des Jahres dem Gläubiger nicht 296 Frcs. Kapital und Zins zurückerstatten konnte, mußte er diesem dafür 8 Pogons überlassen für einem Pachtbetrag von 12 Frcs. pro Pogon.

Der Spekulant hat die 8 Pogons, die ihm bleiben, bis der Bauer die geliehene Summe von 200 Frcs. zurückzahlen kann, einem andern Bauern für 32 Frcs. pro Pogon, also alle zusammen für 266 Frcs. verpachtet. Statt 96 Frcs. Zins für die Summe von 200 Frcs. hat er auf diese Weise 256 Frcs. Von 22 untersuchten Dorfgemeinden fand man in 16 1/20 des Besitzlandes der Bauern verpachtet. So ist es überall. Vom Distrikt Prahova wird berichtet, daß die ärmeren Bauern in dieser Weise ihr Land an reichere für 10—90 Jahre im voraus verpachten, so daß diese Bauern tatsächlich ihr Land veräußern. Diese Veräußerung ist gegen den Geist des Gesetzes von 1864, welches jede Veräußerung landwirtschaftlich benutzten Bodens durch Verkauf oder Testament (außer an die Dorfgenossen), sowie die Belastung mit Hypotheken verbietet. Das ergänzende Gesetz von 1879 erklärte alle Veräußerungen des durch das Agrargesetz von 1864 erworbenen Landes der

[1] Siehe Monografia com. rur. Sisesti de jos. jud. Mehedinti de J. Jonescu. 1904.

ehemaligen Fronbauern für nichtig. Solche Veräußerungen kommen aber noch heute in versteckter Form vor. Spekulanten, Pächter, Gutsbesitzer machen mit den Bauern einen Austausch von Grundstücken, wobei jene alles daran setzen, daß als Sachverständige, die den Wert der auszutauschenden Grundstücke feststellen sollen, vom Gericht ihre Strohmänner ernannt werden. Diese konstatieren dann, daß die Grundstücke gleichwertig sind, und damit ist das Geschäft wirksam. Das ausgetauschte Land bekommt der Bauer von dem Spekulanten. Die Sache wird auch so gemacht, daß der Spekulant einen Bauern als seinen Strohmann das Land eines andern kaufen und sich dies nachher von dem Strohmann schenken läßt.

Eine Enquete der Zeitung Adeverul[1] hat in einer Gemeinde des Distrikts Braila manchen ähnlichen Bodenschacher entdeckt. Ein Pächter zwang Bauern, die fast alle vom Staate Land in kleinen Losen von 5 Pogons gekauft hatten, mit ihm das Land auszutauschen. Oft bekamen die Bauern für ihr in Tausch gegebenes Land nichts, sondern der Pächter übernahm nur die Verpflichtung, die Rate an den Staat zu zahlen, wenn der Bauer ihm seine Scholle zur Benutzung überließ. Den Boden nahm der Pächter; die Rate aber wollte er dann nicht zahlen. Auf diese Weise hatte der betreffende Pächter 500 Pogons in seine Hände gebracht.

Was den Landkauf unter den Bauern betrifft, so kann man nur sagen, daß er sehr oft stattfindet, daß die ärmeren Bauern an reichere verkaufen und daß dann höhere Bodenpreise genommen werden als bei dem Verkauf im großen. Als Gründe hierfür haben mir Bauern aus verschiedenen Gegenden die Steuerlast, Todesfälle, Krankheit, Heirat angegeben. Fast in allen Dörfern kommt es vor, daß die reicheren Bauern, in erster Reihe der Wirt und der Pfarrer, es nicht immer mit der Ehrlichkeit genau nehmen und auf diese Weise den Kleinbauern Stück für Stück entreißen.

d) Die landwirtschaftlichen Betriebsverhältnisse, speziell der bäuerliche Betrieb.

Seit der Bauernbefreiung hat der landwirtschaftliche Betrieb erhebliche Fortschritte gemacht. Doch sind die Zustände noch bei weitem nicht befriedigend. Diese Rückständigkeit des Großbetriebes rührt von der Agrarverfassung her, die dem Pächter und Gutsbesitzer die bäuerliche Bevölkerung völlig ausgeliefert hat und in ihm daher bei dem billigen Arbeitsmaterial, das er dadurch erhielt, jedes Streben, den Betieb zu vervollkommnen gelähmt hat. Die Güter rentieren sich

---

[1] 31. März 1906.

eben auch ohne Vervollkommnung der Betriebssysteme ganz gut. Maschinen finden mehr in der Moldau und in den spärlich bevölkerten Distrikten der Walachei Anwendung, jedoch nur ausnahmsweise. Lediglich die Säe-, Dresch- und Entkörnungsmaschinen sind fast allgemein verbreitet. Die Pächter haben nur solche Verbesserungen eingeführt, die wenig kosten, wie die Auslese und das Salzen des Saatguts. Diese Verbesserungen sind jedoch wahrscheinlich lediglich eine Folge des Raubbaus. Daß die Pächter sehr schlecht wirtschaften, beweisen uns am besten die Monographien der Krondomänen, deren Boden durch die früheren Verpachtungen ausgesogen ist. Es gibt heute noch viele Pächter, vielleicht die meisten, die das Land gar nicht düngen und dem Boden keine Ruhe gönnen, sondern immer dasselbe bauen lassen, und zwar Weizen. Die Hauptrückständigkeit liegt in dem ausschließlichen Getreidebau. Es besteht allgemein Zwei- und Dreifelderwirtschaft: Mais, Strohgetreide und Brache.

Anderseits hat die Agrarverfassung durch die Erschwerung der Existenzbedingungen der Bauern die Fortschritte und die Entfaltung der spezifischen Vorteile der bäuerlichen Wirtschaft, die in der Viehzucht und dem intensiven Anbau von Kulturpflanzen liegen, gehemmt. Die Gemengelage der Grundstücke macht manche Kulturen wie die der künstlichen Wiesen, ja sogar des Mais unmöglich, weil diese gefährdet sind, falls der Nachbar das Vieh auf den Stoppelfeldern des Korngetreides, das vor dem Mais reif wird, weiden läßt. Wie vorher hervorgehoben, hat dieser Umstand und die Armut die Bauern bestimmt, auf ihren eignen Schollen meistens Strohgetreidearten, wie Weizen zu bauen, weil diese früher reif sind und verkauft werden können. Als ein weiteres Übel bringt die Gemengelage mit sich: die Überschreitung des Eigentums des Nachbarn, Diebstähle, und daher Streitigkeiten und Gerichtskosten.

Die geringe Größe der Parzellen zwingt den Bauern, dem Boden keine Ruhe zu lassen. Das Verbleiben beim Alten und die ungenügende Düngung infolge des Niedergangs der Viehzucht bringen die Aussaugung des Bodens und die Verminderung seiner Ertragsfähigkeit mit sich.

Das größte Übel und Hemmnis der bäuerlichen Wirtschaft ist aber, daß dem Bauer wegen der Inanspruchnahme seiner Arbeitskraft durch den Pächter keine Zeit für die Feldarbeit auf seiner eigenen Scholle bleibt und daß diese dann den Kindern oder Frauen überlassen werden muß.

Ein wichtiger Grund für die Rückständigkeit der bäuerlichen Wirtschaft ist ferner die Ignoranz der Bauern. Sogar Mittelbauern mit 8—10 ha gehen für die Unterhaltung ihres Viehes Vereinbarungen mit Pächtern ein, statt ein Stück Land als künstliche Wiese zu verwenden [1]. Oft düngen sie ihr Land nur mangelhaft und pflügen es nicht tief genug. Sie bauen wenig Gemüse und Kartoffeln.

Was aber die Düngung und die Pflege des Bodens angeht, so steht die bäuerliche Wirtschaft höher als die „Großlandwirtschaft".

In Bezug auf die Arbeitsgeräte sind in letzter Zeit große Fortschritte gemacht worden. Der Holzpflug ist verschwunden, an seiner Stelle findet sich heute allgemein der Sackpflug. Mit Hilfe der Pächter, die daran Interesse haben, und unter deren Garantie, haben sich die Bauern bessere Werkzeuge und Geräte angeschafft, statt der älteren, hölzernen eiserne Wagen, Heugabeln, sogar kleine Entkörnungsmaschinen. „Mit großen Augen sehen die Bauern sich die Maschinen an und beneiden ihre Besitzer. Ihr Ideal ist, auch einmal solche zu haben." Höchstens hassen sie die Erntemaschinen, weil diese ihnen einen Arbeitsverdienst rauben. Das wird in allen Monographien über Dorfgemeinden bestätigt. Deshalb mieten die Bauern gemeinschaftlich vom Gutsbesitzer Maschinen, besonders Dreschmaschinen. Während für den bäuerlichen Besitz ein Pflug auf 7 ha kommt, kommt für den Großgrundbesitz ein Pflug auf 45 ha. Daß die Bauern viel mehr Vieh besitzen als die Großgrundbesitzer, haben wir in anderem Zusammenhang gesehen. 31 Bauerngenossenschaften besitzen 91 Dampfmaschinen. Die Bauern haben auch hinsichtlich des Saatguts und Pflügens Verbesserungen nach dem Vorbild, das die Pächter gegeben haben, eingeführt. In der unteren Walachei ist der Betrieb der Bauern ebenso gut wie der der Pächter und Gutsbesitzer, ja er übertrifft diesen noch, was Düngung und Pflege des Bodens angeht. Mir ist der Bodenertrag der bäuerlichen Wirtschaften im Distrikt Teleorman von genauen Kennern der dortigen Verhältnisse als doppelt so hoch wie bei der Großpachtwirtschaft, die hier kapitalistisch zu werden strebt, angegeben worden. Die Großbauern wirtschaften überall wie die Pächter und Gutsbesitzer. Nur in der Moldau ist der Betrieb der Bauern rückständiger, was das Pflügen, Eggen und ähnliches betrifft, weil hier seit längerer Zeit die Bauern ärmer sind und nur für die Gutsbesitzer arbeiten. Einen großen Vorsprung hat der Kleinbetrieb vor dem großen darin, daß er Pflanzen baut, welche eine intensivere Kultur bedingen. Im Hügelland und Gebirge befinden sich die Pflaumen-, Obst- und Weingärten fast nur in seinen Händen. Jedoch ist es infolge der Verwüstungen der Reblaus vielerorts den Kapitalisten gelungen, den Boden der Bauern anzukaufen und auf großen Arealen von 50 bis 100 ha Weinreben neu zu pflanzen.

---

[1] Siehe Haret, Op. at. S. 35.

In der Nähe der Städte werfen sich die Bauern mit Eifer auf die Gemüsekultur. Das hat da, wo Großgrundbesitz bestand, zur Auflösung des Teilbaus geführt. Die Bauern pachten die Parzellen für bedeutend höhere Geldpreise: 40—100 Frcs. für einen Pogon und bauen darauf Gemüse. Über die Frage, auf welche von den Betriebskategorien der höchste Prozentsatz entfällt, berichtet uns am besten die Statistik der angebauten Pflanzen. Von 7 968 296 ha kulturfähigen Landes, außer den Staats- und Krondomänen, sind 6 129 099 ha angebaut. Davon befinden sich 2 083 598 ha, d. h. 34 % in 9331 Betrieben über 100 ha und 4 045 501 ha, d. h. 66 % in 1 013 798 Betrieben unter 100 ha, während die Fläche der Besitzungen über 100 ha 3 781 192 ha, d. h. 47,53 %) und die der Besitzungen unter 100 ha 4 181 108 ha, d. h. 52,47 % einnimmt. Der Unterschied von 1 697 594 ha zwischen der Besitz- und Betriebsfläche über 100 ha erklärt sich dadurch, daß in die Summe von 1 703 594 ha das unkultivierte, unkultivierbare Land, die Brache, das Weideland und das in Teilbau und Parzellenpacht den Bauern gegebene Land mit eingeschlossen ist. Die Fläche der Kleinbetriebe unter 100 ha mit 4 045 501 ha, enthält die Summe der selbstbewirtschafteten Kleinbetriebe in Ausdehnung von 2 749 814 ha, die Summe dessen, was 462 734 Bauern von Großgrundbesitzern und andern Bauern in Teilbau und Pacht nehmen, nämlich 1 295 687 ha, dann das Weideland, die Brache und das kulturunfähige Land des Kleinbesitzes. Das von Bauern in Kleinbetrieben bewirtschaftete Land ist aber tatsächlich bedeutend größer, denn in die Fläche der Betriebe über 100 ha ist auch das Land eingeschlossen, das vollständig von Bauern für die Pächter in nebeneinanderliegenden Parzellen bebaut wird. Es bleibt aber die Tatsache bestehen, daß die Bauern und kleinen Gutsbesitzer mit Gütern unter 100 ha, die nicht mehr als die Großgrundbesitzer über 100 ha besitzen, etwa 3 Mill. ha mehr als die Großgrundbesitzer in kleinen Betrieben beackern.

Die Verteilung der angebauten Pflanzen bei den Betrieben über und unter 100 ha im Jahre 1905 zeigt die nebenstehende Tabelle (S. 105).

Aus dieser Tabelle ist klar zu ersehen, daß der Großgrundbesitz in erster Reihe extensive Pflanzen, Getreide, baut, während der Kleinbetrieb neben Getreide, in erster Reihe Mais, in bedeutend größerem Maße als der Großbetrieb intensivere Pflanzen baut. Mit Ausnahme des Rapses, der mehr eine Risikopflanze als eine intensive ist, wird der landwirtschaftliche Großbetrieb vom Kleinbetrieb bei weitem übertroffen. Die Not und die gesteigerten Pachtpreise haben die Bauern nicht nur zu intensiven Kulturen gebracht, sondern, um aus dem Boden größeren Nutzen zu ziehen, bauen sie auf

Verteilung der Kulturpflanzen.

Kulturpflanzen	Bestellt in den Betrieben über 100 ha		Bestellt in den Betrieben unter 100 ha		Summa	
	Fläche in Hektaren	%	Fläche in Hektaren	%	Fläche in Hektaren	%
Weizen	1 029 566	52,58	928 684	47,42	1 958 250	31,95
Roggen	18 911	11,73	142 288	88,27	161 199	2,62
Gerste	111 456	21,08	417 302	78,92	528 758	8,63
Hafer	116 006	31,12	256 724	68,88	372 730	6,08
Mais	401 122	20,31	1 574 639	79,69	1 975 761	32,24
Hirse	10 200	25,77	29 394	74,23	39 594	0,67
Buchweizen	356	29,81	838	70,19	1 194	
Körnergetreide	1 687 617	33,50	3 349 869	66,50	5 037 486	82,19
Raps	152 504	60,64	98 981	39,36	251 485	4,10
Lein	11 912	35,59	21 561	64,41	33 473	
Hanf	252	5,23	4 567	94,77	4 819	0,63
Mohn	47	10000	—	--	47	
Textil- und Ölpflanzen	164 715	56,83	125 109	43,17	289 824	4,73
Bohnen	6 690	29,83	15 735	76,17	22 425	0,36
Erbsen und Linsen	11 036	82,54	2 333	17,46	13 369	0,22
Kartoffeln	2 616	24,04	8 264	75,96	10 880	0,18
Hülsen- und Knollenpflanzen	20 342	43,58	26 332	56,42	46 674	0,76
Zuckerrüben	6 089	50,61	5 940	49,39	12 029	0,20
Tabak	8	0,10	7 709	99,90	7 717	0,12
Fenchel	18	15,—	102	85,—	120	0,07
Verschiedenes	165	30,38	378	69,62	543	
Handelspflanzen	6 280	38,77	14 129	69,23	20 409	0,33
Gärtnereien	2 349	8,93	23 955	91,07	26 304	0,43
Künstliche Wiesen	23 266	41,94	32 203	58.06	55 469	0,92
Natürliche Wiesen	170 320	34,68	320 806	65,32	491 126	8,01
Wiesen	193 586	35,91	353 009	64,59	546 595	8,92
Weingärten	6 642	7,39	83 248	92,61	89 890	1,46
Pflaumen	2 067	2,87	69 850	97,13	71 917	1,17
Obstpflanzen	8 709	5,58	153 098	94,62	161 807	2,64
Summa	2 083 598	34,—	4 045 501	66,—	6 129 099	100,00

einem Stück Land mehrere Pflanzen zugleich an. Mir klagte einmal ein Bauer, daß er zu hohe Pacht zahlen müsse, so daß es für ihn billiger sei, wenn er Mais vom Markt direkt kaufe. Auf meine Frage, weshalb er noch Land pachte, antwortete er mir: „Ja, man braucht die Stengel für die Fütterung des Viehes und man sät unter den Mais noch Bohnen und Melonen.“ In dem Bericht der Handelskammer zu Botoschani[1] wird gesagt, daß in den drei nördlichen Distrikten der Moldau lobenswerte kapitalistische Landwirtschaft getrieben werde, während der Bauer rückständig geblieben sei; der durchschnittliche Ertrag eines Hektar Land, mit Mais be-

[1] Darea de seama a camerei de comerciu din. Botosani 1906. S. 37 und 87.

pflanzt, betrage 130 Frcs. beim Großbetrieb und 85 Frcs. beim Bauer, so daß der Bauer, falls er das Land verpachtet habe, nämlich zu einem Pachtzins von 100 Frcs. pro Hektar, 15 Frcs. dabei verliere. Nun wird daselbst andernorts gesagt, daß von den Bohnen, die in den drei Distrikten der nördlichen Moldau im Wert von 1170000 Frcs. gepflanzt werden, nur für 140000 Frcs. auf gesondertem Boden, der Rest von den Bauern zwischen Mais gepflanzt werde und daß die im Maisland gezüchteten Bohnen 34 Frcs. pro Hektar bringen; fast ebenso viel bringen die Melonen und die Kartoffeln, die unter dem Mais gezogen werden, so daß der Bauer am Ende doch mehr als der kapitalistische Besitzer dem Boden abgewinnt. Leider widersetzt sich dieser Entwicklung das Teilbausystem in der Walachei, wo dem Bauern, weil er die Ernte mit einem andern teilen muß, das Interesse fehlt, durch Arbeit einen größeren Bodenertrag zu erzielen.

In ganz Rumänien wird der Bodenertrag der bäuerlichen Wirtschaft von der Statistik bedeutend größer als der des Großbetriebs angegeben. Nach dem Ergebnis der Grundsteuerrollen von 1905 sind die Bodenreinerträge der verschiedenen Besitzkategorien, in Francs geschätzt, wie folgt:

Besitzkategorien	Maxim.	Minim.	Durchschnitt
bis 10 ha	49,36	15,27	37,35
von 19—50 ha	50,18	10,15	29,24
„ 50—100 „	58,55	6,79	28,37
„ 100—500 „	51,52	12,78	30,41
über 500 „	37,92	6,53	26,16.

Demnach hätte der Kleingrundbesitz, bis 10 ha, den größten Bodenertrag, während bei den andern Kategorien die Bodenertragsgröße im umgekehrten Verhältnis zu der Besitzgröße steht. Fremdartig scheint, daß die Besitzkategorien von 10—50 ha weniger Bodenertrag pro Hektar bringen als die von 100—500 ha, während das Maximum der Erträge eben von jenen Kategorien erreicht wird. Die Erklärung ist schwer zu finden. In den meisten Distrikten bringen die Mittelbesitzkategorien sehr viel auf. In diesen Klassen findet man aber auch viel Unfleiß. Sie bedürfen kräftiger Anregung. Für 14 Distrikte findet Creanga, daß der jeweilige Grundsteuerreinertrag nach den Steuerrollen von 1896[1] ergibt:

43	Frcs. für die Fläche von	$^1/_2$ ha,
39	„ „ „ „ „	$^1/_2$—2 ha,
38	„ „ „ „ „	2—4 „
37	„ „ „ „ „	4—5 „
36	„ „ „ „ „	5—7 „

[1] Proprietatea rurale etc. S. 43.

Für die Flächen über 50 ha ist pro Hektar ein Bodenertrag von 21 Frcs. gefunden worden. In manchen Distrikten war ein steuerbarer Bodenreinertrag für den Großgrundbesitz von 4—8 Frcs. pro Hektar in die Rollen eingetragen, während für den bäuerlichen Besitz ein Bodenreinertrag von 50—60 Frcs. pro Hektar gefunden wurde. In 11 Distrikten ist der bäuerliche Besitz um 50 % mehr belastet als der Großgrundbesitz, in neun um 30—40 %, in sieben um 20—30 %, in drei um 10—20 % und in zwei um 6—8 %. Es gibt Distrikte, wo der mit Mais bepflanzte bäuerliche Betrieb um über 253 % mehr als der Großgrundbesitz belastet ist. Im allgemeinen ist das Kleinbauerngebiet um 101 % bei Maisernten und 70 % bei Weizenkultur mehr belastet. Das ist eine harte Ungerechtigkeit, wenn man bedenkt, daß an Mais und noch mehr an Weizen und dem übrigen Strohgetreide der bäuerliche Betrieb bedeutend weniger produziert.

Nach der Statistik gestalten sich die Produktionsverhältnisse der Weizen- und Maiskultur bei Klein- und Großgrundbesitz in Hektolitern pro Hektar wie folgt:

Beim Großgrundbesitz			Beim Kleingrundbesitz			Kleingrundbesitz ergibt weniger als Großgrundbesitz pro ha					
Mais	Weizen		Mais	Weizen		Mais 1905		Weizen			
								1905		1906	
1905	1905	1906	1905	1905	1906	hl	%	hl	%	hl	%
13,8	20,2	21,2	9,8	16,9	18,3	4	41	3,3	20	2,9	16

Diese Ungerechtigkeit ist um so größer, als die Bauern ihre Erzeugnisse nur schwer zu Gelde machen können und sie in der Not unter dem Werte verkaufen müssen.

e) Die ländliche Genossenschaftsbewegung.

Ebenso wie Hemmnisse, die sich dem Fortschreiten des Kleinbetriebes entgegenstellen, durch andere mächtigere, gesellschaftliche und wirtschaftliche Faktoren wenigstens teilweise fortgeräumt wurden, und der Kleinbetrieb sich erhielt, ja, trotz der schweren Existenzbedingungen an Ausdehnung zunahm, ebenso hat die Genossenschaftsbewegung, aus inneren tiefen Bedürfnissen der Landbevölkerung entsprungen, leichter als die von oben geschaffenen Institutionen allen Hemmnissen widerstehen können und ist in sehr kurzer Zeit zu wachsender Bedeutung gelangt. In Rumänien ist die Genossenschaftsbewegung bei den Wucherern, Pächtern und

[1] Dr. G. D. Creanga, Grundbesitzverteilung und Bauernfrage in Rumänien, in Schmollers Forschungen 1907. S. 50.

anderen auf großen Widerstand gestoßen. Diese fürchteten, daß ihre Interessen durch die Hebung des Bauernstandes geschädigt würden. „Die Volksbankbewegung muß erstickt werden", soll sogar ein rumänischer Minister geäußert haben [1]. „Seitdem neben den Volksbanken ländliche Genossenschaften entstanden sind, ist die Wut der Wucherer grenzenlos, sie verbreiten die stumpfsinnige Verleumdung, sie fachen die Revolution auf dem Lande an" erklärte auf dem Kongresse der Volksbanken und ländlichen Genossenschaften im Sommer 1906 der damalige Direktor der Volksbankzentralkasse I. D. Duca. Trotzdem hat die Bewegung gewaltige Fortschritte gemacht. 1891 existierte nur eine Volksbank in ganz Rumänien, 1899 deren 22; nach der Krisis von 1900 nahm diese Bewegung aus der Tiefe rasch zu. 1902 existierten 700 Volksbanken mit Geschäftsanteilen über 4250000 Frcs.; im Juli 1904 deren 1625 mit 10086020 Frcs., mit einem Umlaufskapital von 8856976 Frcs. und mit nutzbringendem Anlagekapital in einer Summe von 2431112 Frcs.; am 30. Dezember 1905 hatten die Volksbanken für 12786095 Frcs. Geschäftsanteile und ein Umlaufskapital von 12665827 Frcs. erreicht, das mit dem Reservefonds, Schenkungen und Depositen ein Kapital von 16703135 Frcs. bildete, also in etwas über einem Jahr um 6 Millionen gewachsen war [2]. Dabei war das Jahr 1904 ein schreckliches Mißjahr, so daß 65 % der ländlichen Bevölkerung vom Staat mit argentinischem Mais unterstützt wurden. Am 31. Dezember 1907 gab es im ganzen Lande 2223 Volksbanken mit Geschäftsanteilen von über 27 Millionen mit einem Umlaufskapital von 27 Millionen und mit Depositen von über 5 Millionen Frcs. Neue Gründungen erfolgen fortwährend. Die Zahl der Mitglieder der Volksbanken wuchs von 1901 bis 1907 von 20604 Mitgliedern auf 295000. Die ersten Volksbanken hatten wenig Kapital, so daß sie in dem Notjahr 1904 nicht allen Anforderungen genügen konnten. Aus der Krisis sind die Banken gestärkt hervorgegangen, da die Bauern den Nutzen der Volksbanken eingesehen haben. „Da die Bauern oft die wahren Wohltäter nicht erkennen können, haben die Dorfschullehrer und Pfarrer einen langen Kampf der Überzeugung führen müssen." Außerdem sind die Bauern so sehr und in so vielen Formen den Wucherern verschuldet, daß die Banken lange nicht „alle Fäden zerreißen konnten. Heute sind alle Fäden ganz oder teilweise zerrissen." Die größte Schwierigkeit der Propaganda ist, daß der Bauer eine merkwürdige Unkenntnis vom Zins hat; in der Not will er bloß Geld finden, an die Zinsdifferenzen

---

[1] Gr. Patrascoiu, Die rumänischen Volksbanken. Târgu-Jiu, 1905, S. 8.

[2] Anuarul bancilor populare. Bucuresti 1906. Vorwort des damaligen Direktor J. G. Duca.

denkt er wenig, da ihm der Begriff des Zinses und der Frist fehlt." Die Bewegung hat mit einer großen Schwierigkeit zu kämpfen, namentlich mit dem Kapitalmangel; viele Banken hatten bei ihrer Begründung bloß ein Kapital von wenigen 100 Frcs., so daß sie keine Autorität besitzen.

Fast allgemein herrscht das Schulze-Delitzsche System mit Geschäftsanteilen und Beschränkung der Solidarhaft auf diese. Bei der großen Verschuldung der Bauern war es nicht anders möglich. Die Banken haben die Aufgabe, auch den Pächter, Gutsbesitzer, Pachtwucherer zu bekämpfen, was auch vielerorts gelungen ist. Die Bewegung mußte das Interesse der wohlhabenden Bauern, die nicht in den Händen der Pächter waren und die ihr helfen honnten, erwecken. „Wo sich wohlhabende, ehrliche und energische Personen eingefunden haben, die den Bauern Vertrauen einflößen, da vegetieren die Banken nicht." Eine Besserung ist von dem Zusammenarbeiten mehrerer Banken zu erhoffen. Die Selbstlosigkeit der Dorfschullehrer ist bis jetzt groß gewesen. Nur die Politik hat geschadet, indem sie Streit und Intriguen unter die Führer der Bewegung gesät hat; oft trat die Verwaltung gegen die Bewegung direkt auf und chikanierte sie. So verbot die Regierung den Schullehrern die „außeramtliche Tätigkeit."

Mit Hilfe von Volksbanken und ohne jede andere Anregung von außen sind andere Genossenschaften gegründet worden. In den letzten Jahren wurden 90 Konsumgenossenschaften gegründet, die „befriedigend funktionieren". Der Verwaltungsausschuß kauft die Waren, setzt die Verkaufspreise fest, beauftragt einen Genossen mit dem Verkauf der Waren und gibt ihm einen Anteil vom Gewinn für die Mühe; — das ist ihre Organisation. In zweiter Reihe haben sich die Absatzgenossenschaften daran angegliedert, die aber nicht recht gedeihen. Die Gründe liegen darin, daß die Steuererheber allerhand Schwierigkeiten bei der Aufladung der Produkte von der Tenne aus machen und daß der Fiskus beinahe die ganze Zerealienproduktion der Bauern wegnimmt. Wegen des Mangels an Eisenbahnwagen, die zuerst die Produkte der „Herren" nach Galatz führen müssen, können die Bauern mit den Produkten nicht warten, sondern sie verkaufen sie schnell. Wo sich die Bauern besser standen, leisteten die Absatzgenossenschaften sehr viel. Eine solche im Distrikt Teleorman hat sich mit einer belgischen Konsumgenossenschaft in Verbindung gesetzt, der sie Getreide liefert. Wie viel eine gut geleistete Genossenschaftsbewegung leisten kann, beweist das folgende Beispiel. In der Gemeinde Scorzaru-Vechi hatte ein Dorfschullehrer eine Bank mit 12 Mitgliedern, unter denen 10 Kinder waren, mit einem Kapital von 100 Frcs. gegründet. Schon nach 5 Jahren war das Kapital auf 15600 Frcs. angewachsen. An diese Bank hatte sich eine Bezugsgenossenschaft angegliedert. So wurden die Bauern aus der Knechtschaft des Pächters befreit, und nach dem Rat des Dorfschullehrers, zu dem sie jezt volles Vertrauen gewonnen hatten, schritten sie mit Erfolg zur Gemüse- und Obstkultur und Bienenzucht, ja sogar der Kampf gegen den Alkoholismus ist von Erfolg begleitet gewesen.

Von den Molkereigenossenschaften gedeihen drei; es fehlt hier an tüchtigen Organisatoren, an Absatz- und an Transporterleichterungen. Aus demselben Grunde und wegen der Konkurrenz haben bis jetzt die Bäckereigenossenschaften den Erwartungen nicht ganz entsprochen. „Perfekt" funktionieren die Gemüsebaugenossenschaften im Distrikt Valcea und Tutova. Ferner bestehen bis jetzt 9 Forstbetriebsgenossenschaften. Die wichtigste Angliederung der Genossenschaftsarten ist die Pachtgenossenschaft, hierüber später Näheres.

Das rasche Anwachsen der Bewegung bestimmte die Regierung, sie gesetzlich zu regulieren. Das Gesetz über die Volksbanken und ihre Zentralkasse, das zuerst im März 1903 zustande gebracht und 1904, 1905 und 1906 modifiziert wurde, gilt in vieler Beziehung als mustergültig. Die Volksbanken werden als Handelsgesellschaften betrachtet und, wenn sie nach der gesetzlichen Bestimmung konstituiert sind, als juristische Personen anerkannt.

Im Falle der Auflösung der Bank dürfen die Schenkungen nicht ohne die ausdrückliche Einwilligung des Schenkers an die Mitglieder verteilt werden, sondern sie bleiben den öffentlichen Zwecken dienstbar, oder sie vergrößern den Fonds der Zentralkasse. Die Volksbanken werden von den Patentsteuern befreit, wenn ihre Organisation auf der unbeschränkten Haftpflicht ihrer Mitglieder, auf der Unteilbarkeit des Reservefonds, der von 50% des Nettogewinnes gebildet ist, und auf der Unentgeltlichkeit der Verwaltung beruhen (Art. 9). Die andern Banken, die nicht auf diesen Prinzipien aufgebaut sind und die weniger als 20000 Frcs. Kapital haben, sind auch von den Steuern befreit. Diejenigen, die ein größeres Kapital als 20000 Frcs. haben, zahlen nur die Hälfte der gesetzlichen Patentsteuer. Die Schuldverschreibungen, die aus den Anleihen bei den Volksbanken hervorgehen, sind käuflich und unter Garantie übertragbar. Die Wechsel, die auf Befehl der Volksbanken emittiert sind, können im Falle der Nichtzahlung bis zu der Summe von 300 Frcs. beim Gemeindehaus protestiert werden. Die von Bauern mit den von der Bank geliehenen Summen gekauften Geräte und das Vieh sind als Pfand der Bank zu betrachten. Um ihnen zu Hilfe zu kommen und um die Verwaltung und Operationen zu kontrollieren, wird eine „Zentralkasse der Volksbanken und ländlichen Genossenschaften" ins Leben gerufen, welcher der Staat für die Erfüllung ihrer Operationen, Diskontierung der Schuldverschreibungen der Volksbanken, die Rediskontierung ihrer Handelspapiere auf der Nationalbank, Gewährung von Anleihen an bedürftige Volksbanken, eine Summe von 20 000 000 Frcs. zur Verfügung gestellt hat. Nach Abzug der Verwaltungs- und Kontrollkosten werden ihre Nettogewinne den Reservefonds der Zentralkasse bilden und 50 % davon werden unter die Banken verteilt, die vom Gesetz (Art. 9) begünstigt werden, und die mit der Zentralkasse arbeiten.

Mit der Zentralkasse dürfen nur jene Volksbanken in Verbindung treten, deren Mitglieder bloß aus einer, höchstens aus zwei Gemeinden stammen, keiner andern Bank angehören, nur ihren Mitgliedern Geld leihen und ihre Aktien nur mit Zustimmung der Zentrale in anderen benachbarten Gemeinden verkaufen. Die Zentralkasse hat für die Zinsen dieser Banken eine bestimmte Grenze festzusetzen. Die Banken, die weniger als 10 000 Frcs. Kapital haben, dürfen nicht mehr als 15 % ihrer Nettogewinne für Verwaltungskosten verwenden. Der Verwaltungsausschuß dieser Volksbanken ist verantwortlich für die Verluste, die aus seiner Nachlässigkeit entstehen. Jede dieser Banken hat wenigstens 10 % des Nettogewinns für den Reservefonds zu bewahren. Ohne Grundkapital dürfen sich Banken nur auf dem Prinzip der unbeschränkten Solidarhaft der Mitglieder bilden. Von der Zentralkasse können sie Geldvorschüsse bekommen, wenn sie 20 Landwirte von einer Gemeinde als Mitglieder haben, die wohlhabend genug sind, um jedes Risiko der Zentralkasse zu beseitigen. Die mit der Zentralkasse arbeitenden Banken dürfen anderwärts keine Anleihe kontrahieren. Schließlich dürfen die Volksbanken sich vereinigen, und der so entstandene Verband darf mit der Zentralkasse in Verbindung treten. Bis jetzt bestehen 5 Genossenschaftsverbände.

Von den 2223 Volksbanken, die bis zum 31. Dezember 1907 gegründet waren, standen nur 1649 in Verbindung mit der Zentralkasse, der Rest nicht. Die sämtlichen Banken erzielten im Jahre 1907 einen Gewinn von 2 131 412 Frcs.

Die Verdienste der Zentralkasse sind schon sehr groß; sie hat sich aber als größere Aufgabe die Förderung der gesamten Genossenschaftsbewegung gestellt. Man will unter Bereicherung und Stärkung der Volksbanken und Ansammlung großer Reservefonds und Depositen einen Teil der nationalen Arbeit, der in Form von Staatsschuldzinsen (ein Drittel des Budgets) ins Ausland geht, dadurch im Inland halten, daß man die Reservefonds in öffentlichen Papieren plaziert, was für ein kapitalarmes Land ein großer Segen sein würde.

Der Förderung der Genossenschaftsbewegung ist das Gesetz von 1905 entgegengekommen, indem es die Produktions- und Konsumgenossenschaften, die ein kleineres Kapital als 20 000 Frcs. haben, von der Patentsteuer befreite; die Genossenschaften mit größerem Kapital haben nur die Hälfte der Steuern zu zahlen. Der Volksbankzentrale ist das Recht der Kontrolle ihrer Tätigkeit eingeräumt worden. Ohne die Zustimmung der Mitglieder kann ein Genosse seinen Anteil nicht zurückziehen oder veräußern.

Das bedeutendste und interessanteste Glied der Genossenschaftsbewegung sind die Pachtgenossenschaften; „aber hier befinden wir uns nicht wie bei den anderen Genossenschaften, vereinzelten Versuchen, sondern einer gewaltigen Bewegung gegenüber, welche von Tag zu Tag bedeutendere Dimensionen annimmt“ [1]. Zwar waren auch früher Pachtgenossenschaften vorhanden, aber ihr Aufschwung fällt erst in die letzten drei Jahre. So hatte J. Jonescu 1868 im Distrikt Mehedintzi [2] eine Pachtgenossenschaft in dem Dorf Oravitza gefunden. Bis zum Herbst 1906 hatten die Bauern in Form der Pachtgenossenschaft 53 Güter, davon 32 vom Staat, 8 von Privatpersonen und 13 von der „toten Hand“ gepachtet. Heute sind 83 Staatsgüter in Ausdehnung von 85000 ha an Pachtgenossenschaften verpachtet. Am 1. Januar 1907 bestanden im ganzen 106 Pachtgenossenschaften.

Welche Kraft der Bewegung innewohnt, kann man auch daraus ersehen, daß die Genossenschaften eine bedeutend größere Pachtsumme als die Pächter zu zahlen imstande sind, und daß diese mit ihnen nicht zu konkurrieren vermögen. Dafür will ich ein paar Fälle zitieren [3]. Bei dem Gut Trestenicul im Distrikt Vlaschca ist die Pachtsumme von 50000 Frcs. auf 91800 Frcs. gestiegen, das ist um 83 %; bei dem Gut Varesti-Obedeni im Distrikt Ilfov von 61000 Frcs. auf 91220 Frcs., d. h. um beinahe 50 %. Für das Gut Andeseni im Distrikt Jasi zahlen die Bauern 130 % mehr Pacht, als der Pächter zahlte. Von 27 Gütern mit 14765 ha hat der Staat durch Verpachtungen an Genossenschaften einen Zuwachs der Pachtsummen von 60 % gegen früher erzielt. Diese Angaben beweisen, wie viel die Pächter verdienen, und wie gern die Bauern von ihnen loskommen wollen.

Die Pachtgenossenschaften hatten mit großen Schwierigkeiten zu kämpfen, und wenn sie gesiegt haben, so ist es nur aus dem Grunde geschehen, „weil der Strom zu mächtig ist, um überhaupt in seinem Vorwärtsschreiten gehemmt werden zu können.“ Die Verwaltung, die in der Moldau im Dienste der Trusts steht, besorgt die Geschäfte der Gutsbesitzer und Pächter, die sich den Genossenschaften gegenüber ängstlich und feindlich verhalten. Wenn auch die Bauern für ein Gut

---

[1] Anuarul bancilor populare. S. 12.
[2] Die betreffende Monografia etc. S. 665.
[3] V. J. C. Bratianu, Obstiile satesti etc. Zeitschrift Viata romaneasca 1906 September.

mehr als die Pächter boten, so wurde es ihnen doch nicht verpachtet. In der Gemeinde Sarbii im Distrikt Jasi haben sich 1906 die Bauern erhoben, weil man das Gut, wofür sie 90 000 Frcs. boten, nicht ihnen, sondern dem Trust der Gebrüder Fischer für 56 000 Frcs. verpachtete. Ich kenne einen Fall, in dem ein Präfekt einen Gemeinderat aufgelöst hat, weil der Schulze Führer einer Genossenschaft war, die ein Gut pachten wollte. Das Gut wurde ihnen aber nicht verpachtet, obwohl sie mindestens so viel wie der Pächter geben wollten.

Die Gutsbesitzer scheuen sich, ihre Güter an bäuerliche Pachtgenossenschaften zu verpachten sie fürchten, daß sie ihr Gut den Händen der Bauern nicht mehr entreißen können. Einen Pächter kann man leicht ausweisen, eine Genossenschaft von 200—500 Menschen sehr schwer; dazu wäre ja ein ganzes Regiment nötig. Dabei verlangen sie immer die Vorauszahlung des Pachtbetrages und Garantien in Geld. Die Bauern aber haben alles getan, um die Summen und die Garantien zu sammeln; sie pachten sogar die Güter schon ein paar Jahre vor Ablauf des Termins. Die größte Schwierigkeit ist, daß die Bauern selbst von ihren Mandataren betrogen werden, die den größten und besten Teil des Gutes für sich behalten und die ärmeren Genossen zurückdrängen. Es fehlt anderseits an erfahrenen Führern und an Kredit.

Geld leihen die Bauern jetzt immer von Volksbanken. Nicht alle Pachtgenossenschaften sind in Tätigkeit getreten. Das Jahrbuch der Volksbanken von 1907 kennt nur die Ergebnisse von fünf; heute dagegen sind die Ergebnisse von 65 Pachtgenossenschaften, die über ein oder mehrere Jahre in Betrieb waren, bekannt, die 11 118 Mitglieder zählen, 42 551 ha in Pacht haben und eine Pachtsumme von 1 193 187 Frcs. jährlich entrichten. Die kollektive Bewirtschaftung hat sich nicht als nützlich erwiesen, denn dabei wird der Fleißige faul, und der Schlaue betrügt alle. In großen Zügen ist ihr Mechanismus der folgende: Das Gut wird in Felder von gleicher Qualität geteilt. Jeder Bauer bekommt ein Los in jedem Feld; es wird aber eine Grenze von 10—20 Pogons gesetzt, worüber hinaus keiner etwas bekommen darf: Jeder nimmt nach seiner verfügbaren Arbeitskraft, sowie der Pacht- und Garantiesumme, die er einzahlt. Der Pachtschilling wird der Genossenschaftskasse bar bezahlt und diese zahlt ihn dem Gutsbesitzer. Jeder Bauer hat Grundsteuer, Verwaltungskosten und ein paar Prozent seines Pachtbetrags zur Bildung des Reservefonds an die Genossenschaftskasse zu entrichten, je nachdem er mehr oder weniger Boden hat.

Auf demselben Felde bauen alle Bauern dieselbe Pflanze mit Saatgut derselben Qualität. Man baut neben Getreide auch künstliche Wiesen an. Der vierte Teil wird brach gelassen oder mit Gemüse oder Kartoffeln bebaut. Das Ganze rentiert sich zwei- und dreimal besser als es beim Pächter der Fall war. Die Produkte werden gemeinsam verkauft. Die Genossenschaftskasse behält, was ihr zukommt; der Rest wird unter Bauern verteilt. Auf diese Weise wird der überflüssige Pächter hinausgeworfen, und mit ihm werden alle Hemmnisse des landwirtschaftlichen Fortschritts beseitigt. Ein anderer großer Vorteil dieser Bewirtschaftungsform ist, daß sich den Pachtgenossenschaften noch andere Genossenschaften angegliedert haben; die Genossenschaften beziehen und verkaufen alles gemeinsam, manche haben sich sogar Getreidespeicher gebaut: „Es ist nicht zu verwundern, daß die Bauern diese Form den Vereinbarungen mit den Gutsbesitzern vorziehen, daß sie mit einem größeren Vertrauen, als wir erwarteten, allen Ratschlägen, ihre Organisation zu vervollkommnen und durch sie rationelle Kultur vorzunehmen, folgen. Es ist in erster Reihe das Selbstinteresse, welches der Genossenschaft den Fortschritt und die Disziplin sichert. Die Bauern wissen, daß sie, davon ausgeschlossen, wieder den schweren verwickelten Arbeiten verfallen, die unser Agrarsystem charakterisieren" (J. G. Duca).

Nach einem Gesetz vom Winter des Jahres 1909 muß der Staat seine Güter selbst bewirtschaften oder sie Pachtgenossenschaften verpachten, wenn sich solche bilden, und sie denselben Pachtbetrag wie der Großpächter oder eine durch die „Regionalkommissionen" bestimmte Summe als Pacht bezahlen wollen und die Erfüllung gewisser Normen für die Bodenkultur auf sich nehmen.

In Genossenschaften organisiert, haben 2928 Bauern gemäß einem Gesetze von 1887 über den Verkauf der Staatsgüter 15 492 ha mit 5 080 041 Frcs. gekauft. Bei dem Ankauf hatten sie nur ein Fünftel des Preises zu entrichten, der Rest wurde in jährlichen Raten auf die Zeit von 21 Jahren verteilt. Das Gesetz wurde 1887 abgeschafft. Seitdem haben die Bauern versucht, Güter, die bei der Hypothekenkreditanstalt für den ländlichen Grundbesitz zur Versteigerung kommen, anzukaufen; dabei zahlen sie nur einen Teil des Preises voraus, der Rest bleibt als Hypothek stehen [1]. Hierfür sind bloß die Formalitäten zahlreicher, und die Bauern haben die Hälfte des betreffenden Gutspreises im voraus zu zahlen, weil die Bank nur bis zur Hälfte des Gutswertes Kredit gewährt. Die Anstalt aber und oft auch die Gutsbesitzer kommen diesen Bestrebungen wohlwollend entgegen, und den Bauern ist es wirklich gelungen, Güter anzukaufen, wenn auch nur wenige. So kaufte eine Genossenschaft von 170 Bauern 1890 ein Gut Cilieni für die Summe von

[1] Dimitrie Protopopescu, Asociatiuni satenesti (landschaftliche Genossenschaften). Bucuresti 1903. S. 39.

980800 Frcs., wovon sie den Gutsbesitzern 465900 Frcs. zahlte; für den Rest blieb das Gut verschuldet. Seitdem haben die Bauern pünktlich die Raten den Gutseigentümern und der Hypothekenbank, bei der das Gut weiter mit der Hälfte des Taxwertes verschuldet blieb, bezahlt und sind so völlige Eigentümer des Gutes geworden. Diese Bodenankaufsgenossenschaften sind auf der Basis der solidarischen Haftung organisiert; die Steuern und hypothekarischen Obligationen bezahlt die Genossenschaft; die Genossen verpflichten sich, die Lose nicht zu veräußern, bis sie alles bezahlt haben. Die Anzahlungen betrugen 10—47 % des Gutswertes. Nur diejenigen werden in eine Genossenschaft aufgenommen, die schon etwas Kapital haben und sich bei anderen Dorfgenossen des Kredits erfreuen. Die Ankäufe sind nicht immer direkt durch alle Genossen gemacht, sondern durch Vermittlung einiger, die das ganze Gut gegenüber den Verkäufern und der Hypothekenbank vertreten, bis alles bezahlt ist. Oft haben die wohlhabenden Genossen den ärmeren geholfen; in diesem Falle sichern sie ihre Interessen dadurch, daß sie sich solange als alleinige Käufer des Guts betrachten, bis jeder Miteigentümer seinen Anteil bezahlt hat. Das ist auch eine Folge davon, daß die ländliche Hypothekenbank ihre Pfandbriefe nicht zu weit teilen will. Dieser letzte Umstand wird in den schriftlichen Abmachungen zwischen den Genossen vorher ausdrücklich erledigt. Wenn auch nicht alle Genossen in dem Moment des Ankaufs des Gutes Eigentümer werden können, so erhalten sie für sich schon gleich nach dem Ankauf des Gutes das Land, das später nach der Abzahlung des Preises ihr Eigentum werden soll.

Wie groß die Zahl und Flächenausdehnung aller von bäuerlichen Bodenankaufsgenossenschaften gekauften Güter ist, weiß man nicht. Mit Hilfe der ländlichen Hypothekenbank und des Staates haben von 1881—1903 4216 in solchen Genossenschaften organisierte Bauern 22868 ha für einen Preis von 7978250 Frcs. angekauft, indem sie 2190850 Frcs., d. h. 26,58 % des Preises der Güter im voraus bar bezahlten. Von ihnen schreibt D. Protopopescu, der lange Zeit Direktor der ländlichen Hypothekenbank war: „Die Zahlungsfähigkeit der bäuerlichen Genossenschaften steht in guten Zeiten mindestens auf derselben Höhe wie die der tüchtigsten und pünktlichsten Großlandwirte, in schlimmen Zeiten sogar darüber.“ „Die Erfahrung von 20 Jahren hat bewiesen, daß weder der Staat noch die Hypothekenbank Verluste, ja nicht einmal Verspätungen in der Zahlung zu verzeichnen gehabt haben.“ Zu derselben Zeit wurde konstatiert, daß Gutsbesitzer in Zeiten „schwerer Krisen ihre Güter der Bank zur Last gelassen haben“. Von 1881—1905 sind der Bank wegen Nichtentrichtung der Zinsen und Tilgungsquoten 32 Güter in Ausdehnung von 55748 ha anheimgefallen, während 99 in Ausdehnung von 73806 ha im Wege der Versteigerung durch die Bank verkauft wurden. Im Distrikt Gorj haben die Großgrundbesitzer wegen Verschuldung und Mangel an andern Käufern doch endlich bäuerlichen Bodenankaufsgenossenschaften ihre Güter verkaufen müssen, so daß der Großgrundbesitz heute dort beinahe verschwunden ist. In der oben erwähnten Form wurden, wie der damalige Ackerbauminister Stolojan im Jahre 1897 in den Motiven eines Gesetzentwurfs betreffs Schaffung einer Agrarbank angibt, in zehn Jahren allein in diesem Distrikt 40 Güter, jedes in Ausdehnung von 150—700 ha, in Blocks angekauft und in Lose ungleicher Größe geteilt; weitere 18 Güter wurden von Spekulanten gekauft, um nachher den Bauerngenossenschaften für den doppelten Preis verkauft zu werden. Solche Bodenankäufe durch die Bauern erfolgen alle Jahre.

Der wachsende Geldmangel bei den Bauern und die erhöhten Bodenpreise haben die Bauern gehindert, aus der Mobilisierung des Bodens Nutzen zu ziehen. Nach dem maßgeblichen Urteil D. Protopopescus ist aus Mangel an Nachfrage der Bodenwert in manchen Teilen des Landes gesunken. „Der Gedanke an die Gefahr der Anhäufung großer Güter in Händen von Erwerbsgesellschaften, die keinen andern Zweck als den der Spekulation haben, beschäftigt viele; wir sind überzeugt, daß wir dem allgemeinen Interesse dienen, wenn wir auf diese Gefahr aufmerksam machen[1].“ Die Versicherungsgesellschaften haben sich in letzter Zeit eifrig an dem Bodenverkehr beteiligt.

VI. Die agrarischen Hauptaufgaben der Gegenwart und die neuen Agrarreformen.

Eine Entwicklung, die den Besitz des ländlichen Bodens in ungeeigneten Händen (Erwerbsgesellschaften, Trusts, Latifundien) anhäuft, während die große Masse der Bevölkerung, die ihn bebaut, von dem Besitz des Bodens ausgeschlossen bleibt, ist als höchst ungesund und gefährlich zu bezeichnen.

Der Ausschluß der Mehrheit des Landvolkes vom Besitz des Bodens beraubt Staat und Gesellschaft der wichtigsten Stütze, ja, erfüllt das Landvolk mit staatsfeindlicher Gesinnung. Das ist besonders gefährlich in einem ausschließlich agrarischen Lande, wie Rumänien. Ein kleiner Staat kann mit

[1] D. Protopopescu, Asociatiuni sătenesti, 1903, S. 42.

der sozialen Solidarität leicht seine Unabhängigkeit einbüßen. In einem solchen Lande treten die Gegensätze zwischen reich und arm grell zutage; die Gesellschaftsklassen stehen einander feindlich gegenüber und betrachten sich leicht als Fremde. Der Bauernaufstand vom Frühling des Jahres 1907 hat die staatsfeindliche Gesinnung der bäuerlichen Bevölkerung gezeigt.

Die ungesunde Agrarverfassung ist überhaupt ein Hindernis der wirtschaftlichen und kulturellen Entwicklung des Landes gewesen.

Die stets wachsende Grundrente hat, wie mir scheint, das Bedürfnis der großen Landwirte nach Umlaufsmitteln über das natürliche Maß hinaus gesteigert und demnach die flüssigen Kapitalien viel mehr als gewöhnlich für die Landwirtschaft in Anspruch genommen. Anderseits verhindert die hohe Grundrente das Sinken des Landeszinsfußes. Der Landeszinsfuß ist in Rumänien 20—30 Jahre lang auf derselben Höhe geblieben; der übliche Zinsfuß beträgt in Rumänien heute noch 10—12 %, der staatliche 5 %.

Da aber das Steigen der Grundrente nur auf der Auswucherung der Arbeitskraft der Bauernschaft beruht, hat der landwirtschaftliche Betrieb aus dem Zufluß der Kapitalien keinen Nutzen gezogen, sondern ist in den allermeisten Fällen rückständig geblieben. Das Geld läuft in die Kasse des Staates, der stets einen üppigen Haushalt mit zahllosen Beamten und modernen Einrichtungen geführt hat, oder es dient zum Luxus der Großgrundbesitzer und wandert in die Vergnügungsplätze des Auslandes. Der Verarmungsprozeß der Bauernschaft hat der Entwicklung einer nationalen Industrie die Voraussetzung und die Grundlage entzogen: das Vorhandensein einer breiten konsumfähigen Masse. Die 1015302 bäuerlichen Familien, die über weniger als 5 ha verfügen, haben nach der Statistik insgesamt ein jährliches Einkommen von 123994496 Frcs., also 120 Frcs. pro Familie, während allein die 4171 Großgrundbesitzer mit mehr als 100 ha insgesamt ein solches von 102425706 Frcs. beziehen, also auf jeden Großgrundbesitzer 24700 Frcs. entfallen[1]. Tatsächlich aber haben die Großgrundbesitzer ein noch größeres Einkommen, während die Bauern ein kleineres haben. Unter solchen Verhältnissen bleiben die Industriezölle wirkungslos, ja, sie können sogar schaden. Ohne industrielle Entwicklung ist kein bedeutender kultureller Fortschritt denkbar, der nur in Ländern mit dichter, in reger Tätigkeit begriffener Bevölkerung kräftig einsetzen kann. Der Mangel an Beschäftigung in den Städten fesselt die Bauernschaft an die Scholle und steigert ihre Not.

---

[1] Dr. G. D. Creanga, Grundbesitzverteilung und Bauernfrage usw. S. 40.

Anderseits haben in den letzten Dezennien die Handwerker und Kleinhändler unter der geringen Konsumtionsfähigkeit der Bauern schwer zu leiden gehabt. Der Überschuß der Stadtbevölkerung hat sich deswegen nicht produktiven Beschäftigungen zuwenden können, sondern er hat seine Existenz als Advokaten, Staatsamthäscher, kleinstädtische Politiker, Agitatoren, Wahlprügler und anderes „budgetsäugerisches" Gesinde gefristet. Es genügt zu sagen, daß Bukarest mit 350 000 Einwohnern annähernd 2000 Advokaten, also ebensoviel wie Groß-Berlin und Paris hat. Alle diese Menschen haben die politische und administrative Korruption ernährt, sie haben die Erstarkung der staatlichen Macht und die politische Erziehung des Volkes gehindert. Die Advokaten nutzen ihren politischen Einfluß dazu aus, um Gerechtigkeit zu erteilen. Die politischen Parteien haben sich im stillschweigenden Einverständnis die Regierung abgetreten. Jeder Regierungswechsel bedeutet die Absetzung von Tausenden von Beamten, vom Ministerialdirektor bis zum Schutzmann.

Jedoch hat in der letzten Zeit, teils infolge der Anhäufung der Grundrente in den Städten, wo sie auch verbraucht wird, teils infolge des Zuströmens ausländischen Kapitals, eine ruhige und stetige Industrieentwicklung begonnen. Wenn die Statistik angibt, daß die nationale Industrie im Jahre 1901 Waren im Werte von 251 405 716 Frcs. produzierte, so ist diese Zahl sehr übertrieben, weil derselbe Gegenstand, der mehrere Male verarbeitet worden ist, von der Statistik auch mehrere Male aufgenommen worden ist. Wenn z. B. die Haut zu Leder, das Leder zu Stiefeln verarbeitet wird, so wird der Wert des Leders hierbei mehrere Male gezählt. — Deshalb müßte die Summe bedeutend reduziert werden. Länder mit gesunderer Agrarverfassung, wie Bulgarien, haben eine raschere Industrieentwicklung als Rumänien zu verzeichnen gehabt. Die Entwicklung wird und muß schneller gehen. Damit wird aber die Abwanderung der Landbevölkerung im die Städte befördert. Die Hebung des kulturellen Niveaus der Bauernschaft kann möglicherweise eine Auswanderungsbewegung der Bauernschaft wie in Ungarn mit sich bringen. Die Entvölkerung des platten Landes birgt selbst für den kapitalarmen, landwirtschaftlichen Großbetrieb große Gefahren: Niedergang der Grund- und Pachtpreise, landwirtschaftliche Krisen; und damit Schäden für die ganze Volkswirtschaft, deren Hauptzweig noch für lange Zeit die Landwirtschaft bleiben wird. Eine solche Gefahr liegt desto näher, je mehr der Großgrundbesitz durch Schulden belastet wird, und zwar schon jetzt, wo er sich, wie man wohl sagen kann, noch im Stadium der Kreditnot befindet[1]. Bis heute ist der ländliche

[1] D. S. Nenitescu, Sarcinile (Lasten) proprietătei rurale. Bucuresti 1901. S. 9—14.

Grundbesitz bei der Hypothekenbank mit einer Schuld von über 380 Millionen Frcs. belastet, die einen Taxwert des Bodens von 600 Millionen Frcs. darstellt. Die Hypothekenschuld des privaten Grundbesitzes bei den Privatpersonen betrug im Jahre 1901 134 Millionen Frcs., was einem Taxwert von mindestens 250 Millionen Frcs. entsprach. Im ganzen ist der Großgrundbesitz mit einer Schuld von 514 Millionen Frcs. belastet, die einem Grundtaxwert von 1000 Millionen entspricht. Der Wert des gesamten ländlichen Bodens einschließlich der Bauten ist 1905 von der Grundsteuerstatistik auf 5 338 270 110 Frcs. geschätzt worden. Da der Klein- und Mittelgrundbesitz bis 100 ha etwas ausgedehnter ist und auch relativ einen größeren Wert hat als der Großgrundbesitz, können wir den Wert des Großgrundbesitzes nur auf höchstens 2000 Millionen Frcs. schätzen. Anderseits ist in der Summe von 514 Millionen Frcs. nicht nur die Belastung des Großgrundbesitzes, sondern auch die des Besitzes der früheren freien Bauern, deren Schuld bei der Hypothekenbank 8 Millionen beträgt, und des sonstigen Mittelbesitzes bis 100 ha, der hypothekarisch belastet und veräußert werden darf, enthalten. Darum müssen wir davon einen Betrag abziehen, allerdings nicht viel, weil der Mittelbesitz überhaupt wenig verbreitet ist. Der bäuerliche und der Mittelbesitz ist mit einer Summe von 15 [1] Millionen Frcs. belastet, was einem Grundtaxwert von 30 Millionen Frcs. entspricht. Wir gelangen also zu folgendem Ergebnis.

Der Großgrundbesitz von über 100 ha, dessen Grundsteuerwert 2000 Millionen Frcs. beträgt, ist für rund 500 Millionen Frcs. verschuldet, also mit 25 % des Grundsteuerwertes. Angesichts der großen Rentabilität des ländlichen Besitzes und der Tatsache, daß ein großer Teil der Fläche des Großgrundbesitzes erst in jüngster Zeit unter den Pflug genommen ist, und angesichts der Bewirtschaftungsform ohne Kapital, ist diese Verschuldung hoch zu nennen.

Die großen Übel liegen in der Besitzverteilung und Arbeitsverfassung. Sie zu ändern, gehört zu den allerwichtigsten Aufgaben des Staates.

Was den ersten Punkt betrifft, so hat die Bauernschaft sich selbst zu helfen gesucht; jedoch sind ihre Mittel zu schwach und sie ist des Staatszuschusses bedürftig gewesen.

Seit einigen Jahren haben sich die rumänischen Politiker überzeugt, daß diese Zustände nicht mehr fortdauern können, und haben an Abhilfe gedacht. Während die Konservativen vorgeschlagen haben, dadurch Abhilfe zu schaffen, daß der Staat jährlich für 3—4 Millionen Frcs. Güter ankaufe und an Bauern weiter verkaufe, sind die Liberalen oft, aber nicht energisch genug, für Gründung einer Agrarbank eingetreten,

---

[1] D. S. Nenitescu, Op. cit. S. 14.

die den Bauern selbst den Ankauf größerer Güter ermöglichen soll. Im Jahre 1897 wurde von der liberalen Regierung den Vertretungskörpern des Landes ein Gesetzentwurf zur Gründung einer Agrarbank vorgelegt. An dem Widerstand der Konservativen, die mit ihrer Verwirklichung das Verschwinden des Großgrundbesitzes, „des Bollwerks des kulturellen und wirtschaftlichen Fortschritts des Landes“, fürchteten, scheiterte der Entwurf.

„Die heftigsten Ausschreitungen der Bauern gegen die Großgrundbesitzer, um sie zum Verkaufe ihrer Güter zu zwingen, würden nicht mehr zu verhüten sein, der Großgrundbesitz würde durch kleine, ärmliche, bedürfnislose, jedem Fortschritt, jedem nationalen und kulturellen Ideal abholde Bauern ersetzt werden,“ — so lauteten die Argumente der Konservativen gegen eine Agrarbank. Die Liberalen antworteten, daß für die Hebung des Bauernstandes eine solche Bank absolut notwendig sei, daß dadurch der ländliche Grundbesitz vor den Krisen besser geschützt werde, endlich, daß die Bauern dasselbe Recht wie andere hätten, von der Mobilisierung des Bodens zu profitieren.

Zur Zeit des Bauernaufstandes vom Jahre 1907 hat ein Manifest der Regierung im Namen des Königs eine Reihe von Agrarreformen den Bauern verkündet. Unter den ersten Reformen findet sich auch die Begründung einer Agrarbank. Die Regierungsvorlagen sind jetzt fertig gestellt, teilweise veröffentlicht und vom Parlament angenommen worden, darunter auch die einer Agrarbank. Nach diesem Entwurf hat die Agrarbank, keine reine Staatsanstalt, in erster Reihe den Ankauf der Güter verkaufslustiger Großgrundbesitzer auf Rechnung der Bank zu betreiben. Die Kaufbedingungen werden zunächst direkt zwischen Großgrundbesitzern und Bauern abgemacht, während die Bank nur den Maximalpreis zu bestimmen hat. Weiterhin wird die Bank von den Bauern bevollmächtigt, die betreffenden Güter anzukaufen, alle Operationen in Bezug auf Parzellierung, Zahlungsbedingungen zu leiten, zu kontrollieren und zu vollziehen, den Bauern die dazu nötigen Summen zu leihen, Pfandbriefe zur Bezahlung der Güter auszugeben, die Amelioration solcher Güter zu fördern, von den Bauern die Zinsen, Amortisationsquoten, Verwaltungs- und sonstigen Kosten, die auf den von jenen gekauften Landstücken lasten, einzukassieren und diese Summen ausschließlich zur Einziehung der zur Auslosung kommenden Pfandbriefe zu verwenden. Zu diesem Zwecke verfügt die Bank über ein Aktienkapital von 20000000 Frcs., das nur zur Hälfte vom Staate gestellt wird. Die Agrarbank soll noch die Rolle einer Meliorationskreditbank für den bäuerlichen Grundbesitz haben.

Zur Erleichterung der Parzellierungsarbeiten werden

die Güter in Lose gleicher Größe geteilt. Jedes Los beträgt 5 ha, nur ausnahmsweise in Hügel- und Weingegenden dürfen die Lose auf 3 ha reduziert werden. Ein einziger Bauer kann höchstens bis zu vier Losen kaufen, nur wenn sich nicht genug Käufer finden, dürfen Lose bis zu 50 ha an Leute verkauft werden, die nicht mehr als 25 ha besaßen. Die Käufer von Losen zu 50 ha haben beim Ankauf den ganzen Preis bar zu entrichten. Beim Verkauf werden diejenigen Bauern vorgezogen, die weniger Lose kaufen wollen. Weiter werden die kleinen und landbedürftigen Bauern vorgezogen, indem sie beim Ankauf eines einzigen Loses eine Barzahlung nur von 15 % und ausnahmsweise sogar nur von 10 % des Preises des gekauften Loses zu leisten haben, während sie beim Ankauf von 2—3 Losen 25 % und von 4—5 Losen 35 % des Preises zu zahlen haben. Der Rest wird ihnen hypothekarisch von der Agrarbank kreditiert. Außer der Barzahlung müssen die kauflustigen Bauern noch dazu das nötige Geräte- und Viehinventar besitzen.

Von den Bauern, die bloß ein Los kaufen wollen, werden diejenigen vorgezogen, die weniger Land als 3 ha oder gar kein Land besitzen und auf dem betreffenden Gute wohnen, in zweiter Reihe diejenigen, die ebensoviel oder gar kein Land haben und in der Nachbarschaft wohnen und zuletzt diejenigen, die das kraft des Agrargesetzes von 1864 erhaltene Land verkauft haben. Vor allen diesen Kategorien von Bauern werden aber die Kriegsveteranen von 1877—1878 und diejenigen, die eine Landwirtschaftschule absolviert haben, bevorzugt.

Die auf dem Gute befindlichen Forsten werden von dem Staate oder der Gemeinde angekauft. Die Teiche der Güter aber, welche Erträge liefern, werden von der Dorfgemeinde auf Rechnung der auf dem parzellierten Gute Eigentümer gewordenen Bauern betrieben; diejenigen Teiche, die keine Erträge liefern, werden von der Dorfgemeinde entwässert und in kultivierbares Land verwandelt werden, um dann an die Bauern dem Gesetze gemäß verkauft zu werden. Die daraus möglicherweise sich ergebenden Gewinne, fließen der Agrarbank zu, die sie aber nur zur Deckung der hypothekarischen Schuld derjenigen Bauern verwenden kann, die das betreffende Gut angekauft haben. Die auf dem Gute befindlichen Baulichkeiten werden vom Staat oder der Gemeinde angekauft, wenn sie für die Zwecke dieser Körperschaften nützlich befunden werden; wenn das aber nicht der Fall ist, werden sie neben einer entsprechend größeren Fläche von 50—150 ha des Gutes mittelst öffentlicher Versteigerung an den meistbietenden verkauft.

Bei der Parzellierung wird ein Teil des Gutes zur Bildung oder Ergänzung für Gemeinweiden aufgelassen. Der Staat haftet für jede Zahlungsverpflichtung einer Dorfgemeinde gegenüber der Agrarbank.

Gleichfalls muß bei der Gutsparzellierung die nötige Fläche für die Dorfflur, nämlich 2000 Quadratmeter für eine Familie belassen werden. Die neuen Dörfer, die mehr als 100 Familien haben und von den benachbarten Gemeinden zu weit abliegen, bilden selbständige Gemeinden. Die nötigen Plätze für Rathaus, Kirche, Schule und Wege werden auf Rechnung der Bürger der neuen Gemeinde gesetzt, die aber je nach der Größe ihrer Lose dazu beitragen.

Das Gesetz hat der Bank ein Aufsichtsrecht über die ihr verschuldeten Bauern eingeräumt, und die Käufer obligatorischen Beschränkungen unterworfen. Die Veräußerung von Losen findet nur unter Bauern statt; kein Bauer darf mehr als zwei Lose kaufen ohne daß aber dadurch sich ein Grundeigentum größer als 15 ha bilde. Die Lose dürfen nur ausnahmsweise und dann auch nur mit der Zustimmung der Agrarbank bloß an Bauern verpachtet werden. Die Käufer sind verpflichtet, in 3 Jahren nach Erlangung des Besitzes auf die gekauften Lose überzusiedeln. In einem besonderen Reglement werden Art und Wahl der Bodenkultur bestimmt, welcher die Bauern sich durch den Hypothekenvertrag unterziehen müssen.

Die Agrarbank wird zur Bezahlung der Gutspreise auf den Inhaber lautende Pfandbriefe ausgeben, die durch die hypothezierten Immobilien garantiert und in 50 Jahre spätestens durch Verlosung rückzahlbar sind. In ebensoviel Zeit haben die Käufer des Gutes ihre Schuld zu tilgen; eine Verspätung von einem Jahre bringt die Entsetzung des Schuldner aus seiner Stelle mit sich. Diese Entsetzung erfolgt auf administrativem Wege.

Wichtig sind die Bestimmungen über die Verteilbarkeit der Lose. Die Lose von 5 ha bleiben im Falle des Verkaufs, sowie der Erbteilung unteilbar, die größeren Lose jedoch nur bis 5 ha teilbar. Wenn aber die Zahl der Erben größer ist als diejenigen der Lose, treten nur einer oder nur so viele Erben in Besitz von Land, als das ganze Grundstück Lose hat. Die Wahl der betreffenden Personen geschieht auf Grund des Einverständnisses aller Erben und unter Umständen des Familienrates. Falls aber kein Einverständnis erzielt worden ist, hat der Kreisrichter, nachdem er noch einmal ein Einverständnis unter den Erben über die Person der Gutsübernehmer sowie der Entschädigung der von der Erbschaft ausgeschlossenen zustande zu bringen versucht, die Person der Gutsübernehmenden durch Verlosung sowie die Höhe der Erbabfindungen zu bestimmen. Im Falle der Verweigerung, das Gut zu übernehmen und die Erbabfindungen zu bezahlen, hat der Kreisrichter alle Erben und die Bauern aus dem benachbarten Dörfern zur Versteigerung einzuladen. Nach diesem

Verfahren hat die Agrarbank das Recht, den Besitz in Indivision der unteilbaren Lose zu verbieten. Die das Gut übernehmenden Erben nehmen zugleich alle Verpflichtungen des Gutes gegenüber der Agrarbank auf sich. Die Erbabfindungen hat der gutsübernehmende Erbe in drei Jahren zu bezahlen. Beim Geldmangel bekommt er zu diesem Zweck die nötigen Summen von der Agrarbank geliehen.

30 % der jährlichen Gewinne der Agrarbank dienen zur Bildung eines Reservefonds und 70 % fließen bis zu 10 % den Aktionären zu; steigt die Dividende über 10 %, so wird die übrige Summe zur Hälfte unter die Aktionäre und den Reservefond geteilt. Dem Staate fließen Dividenden nur bis zu 6 % des Aktienkapitals zu; der Rest davon wird zur Bildung eines Fonds zur Verbesserung der Landeskultur verwendet. Der Reservefond dient zum Ersatz der Verluste. Bis zum 31. Dezember 1908 wurden durch die Agrarbank den Bauern 8600 ha an Losen verkauft.

Außer dem Gesetz über die Agrarbank hat die Regierung zu demselben Zweck ein Gesetz bezüglich der bäuerlichen Genossenschaften zum Ankauf, Pachtung und Belastung des ländlichen Grundbesitzes mit Hypotheken durchgeführt. Danach werden solche Genossenschatten als juristische Personen anerkannt. Mindestens 5 Personen können eine Genossenschaft bilden; drei davon bilden immer den Verwaltungsausschuß. Nach außen haften die Genossenschafter solidarisch. Die Vollmacht des Verwaltungsausschusses ist obligatorisch und unwiderruflich. Nur die Gerichtsbehörde kann ein Mitglied des Verwaltungsausschusses auf Klage der Genossen hin seines Amtes entheben.

Der Verwaltungsausschuß hat das gekaufte oder gepachtete Gut zu parzellieren und die Parzellen an die Genossen aufzuteilen; nur die Weiden, Waldungen und Deiche bleiben in gemeinsamem Besitze. Im Falle des Protestes der Bauern gegen den Parzellierungsplan hat das Kreisgericht die Parzellierung vorzunehmen. Die nach Kopfzahl und Besitz berechnete Mehrheit der Genossen kann die Pflichtsäumigen aus der Genossenschaft ausschließen.

Der Tod eines Genossen zieht die Auflösung der Genossenschaft nicht nach sich, sondern die Erben treten an seine Stelle und haften für alle seine Verpflichtungen. Die Erben teilen die Parzellen unter sich; die Teilung geht jedoch nur bis zu 5 ha; die eventuell von der Erbschaft ausgeschlossenen Miterben werden mit Geld entschädigt.

Die Wirksamkeit der Agrarbank hängt von der Höhe der Grundpreise und von dem Geldbesitz der Bauern ab. An den hohen Grundpreisen, an der Armut der Bauern ist die Arbeitsverfassung im landwirtschaftlichen Betrieb schuld. Diese Arbeitsverfassung ist ein Hemmnis des landwirtschaftlichen Fortschrittes und durch ihre Mißstände eine nationale Gefahr geworden. Wie wir gesehen haben, sind der Teilbau und die sonstigen Kleinpachtformen ausgeartet; bei ihnen liegt keine Interessengemeinschaft zwischen Gutsherrn und Bauern mehr vor, sie sind vielmehr zu einem ausschließlichen Arbeitsverhältnis herabgesunken, und zwar zu einem unfreien. Der Landarbeiter kann seinen Vertrag Mitte des Sommers nicht kündigen, weil er zum Teil das Teilbauland bearbeitet hat und damit an sein Dorf gebunden ist.

Die wachsende Landnot der Bauern führt den Pächter dazu, als Zins für die gepachtete Parzelle von den Bauern immer mehr Arbeitsdienste zu verlangen, wucherartig die Arbeitskraft der Bauern auszunutzen und seinen Eigenbetrieb auszudehnen. Die Ausbreitung eines rationellen landwirtschaftlichen Betriebes wird durch die Arbeitsverfassung gehindert. Viele Pächter und Gutsbesitzer, die gern eine moderne, im engeren Sinne „kapitalistische" Landwirtschaft treiben wollen, sehen sich mit Rücksicht auf ihre Bauern daran gehindert. Daraus ergeben sich schwere Vertragsbedingungen für den Teilbau. In der Moldau haben viele Pächter und Gutsbesitzer das Betriebskapital sogar verfallen lassen und bewirtschaften die Güter bloß mit Hilfe der Arbeitsleistungen der Bauern, die sie sich durch Pachtwucher sehr billig zu beschaffen wissen.

Durch den Umstand, daß er es ist, der tatsächlich das Land bebaut, ist der Bauer auf den Gedanken gekommen, daß ihm der ganze Grund und Boden gehören müsse, daß er dessen nur beraubt worden sei. Durch diesen Gedankengang ist er schließlich unzuverlässig, heimtückisch und diebisch geworden. „Den Bauern soll man brennen (betrügen) oder man wird von ihm gebrannt," ist eine geläufige agrarische Redensart in Rumänien. Eine Weigerung des Gutsbesitzers, ihm unter noch so schweren Bedingungen Land zu geben, versetzt ihn in die größte Entrüstung. Er hat den Gedanken, daß er nur vom Landbau leben kann, und zwar nur als Besitzer. Er sträubt sich, als Fabrikarbeiter in die Städte zu gehen, so daß die Industriellen über Arbeitsmangel klagen. Er scheut sich sogar, als Landarbeiter Verdienst zu suchen. Creanga fand im Sommer des Jahres 1906 im Distrikt Neamzu 10000 ausländische Landarbeiter, während die rumänischen Bauern nicht arbeiten wollten; und dabei sind sie im Frühling 1907 aufständisch geworden.

Die Erinnerung an die früheren „gesetzlichen" Bodenzuteilungen, die Art, wie die Bauernbefreiung und die innere Kolonisation vollzogen wurde, hat dem Bauern den Glauben eingeflößt, daß der Staat verpflichtet sei, ihm Land anzuweisen. Die Anschauung des Bauern, verbunden mit seiner kulturellen Rückständigkeit und mit der übermäßigen Inanspruchnahme seiner Arbeitskraft, hat die Entfaltung der besonderen Vorteile des landwirtschaftlichen Kleinbetriebes gehemmt. Wenn die Bauern zu wenig Land zu haben glauben, pachten sie vom Gutsbesitzer noch mehr hinzu, statt durch intensivere Bewirtschaftung ihres Ländchens mehr zu erzielen, oder als Tagelöhner Verdienst zu suchen. Als Gemüseproduzenten funktionieren in einem hochagrarischen Lande wie Rumänien die Südslaven; anderseits fehlt dort ein eigentlicher Tagelöhnerstand. Eben jene Anschauungen der Bauernschaft helfen den kapitalarmen Pächtern, ohne Verbesserung des Betriebssystems, die Rentabilität ihrer Güter übermäßig zu steigern.

Um für die natürliche Entwicklung des landwirtschaftlichen Klein- und Großbetriebes die Bahn frei zu machen, um anderseits die bäuerliche Bevölkerung vor Auswucherung ihrer Arbeitskraft zu schützen, ist bereits in diesem Winter ein Gesetz zur Reform der Arbeitsverfassung im landwirtschaftlichen Betriebe von dem Parlament angenommen worden. Nach diesem Gesetz sollen für das in Teilbau oder Kleinpacht vergebene Acker-, Wiesen- und Weideland, nicht aber Gemüseland, höchstens 20 ha, nicht mehr Arbeitsleistungen verlangt werden, sondern bloß Geld oder eine Quote der Ernte des betreffenden Landes. Derselbe Bauer kann für eine Parzelle Pachtzins zahlen und für eine zweite eine Quote der Ernte abtreten, und dafür einen einzigen Vertrag abschließen. Gegen Schikanierungen bei der Teilung der Ernte oder bei der Messung des Landes werden scharfe Maßregeln getroffen. Die Teilung der Ernte des Teilbaulandes muß auf alle Fälle spätestens 15—30 Tage, je nach den kultivierten Pflanzensorten, nach der Ernte vorgenommen werden. Bei Verspätung wird es nach der Reklamation einesteils und der Benachrichtigung andernteils ex officio vom Kreisverwalter vorgenommen. Wenn der Teilbauer allen Verpflichtungen nachgekommen ist, die aus dem Teilbauvertrag herrühren, kann er schon 10 Tage nach der Ernte die Aufhebung seiner Ernte reklamieren. Die Messung geschieht mit den Apparaten der Gemeinde oder mit solchen, die vom Staate gestempelt sind. Die falsche Messung bringt Anspruch auf Schadensersatz mit sich und eine Strafe, die zehnmal größer als der Schaden selbst ist.

„Regionalkommissionen", und zwar je eine in jedem Distrikt, zusammengesetzt aus einem Landwirtschaftsinspektor, zwei Bauern, die von Bauern durch Delegation gewählt sind, und zwei Großgrundbesitzern von denjenigen, die mehr Grundsteuern zahlen, gewählt, haben die Maxima der Pachtpreise und der Quote der Ernte, unter welchen Verträge abgeschlossen werden dürfen, festzusetzen. Bei der Festsetzung dieser Maxima soll die Durchschnittsproduktion der letzten fünf Jahre in Betracht gezogen werden. Dieser Preis darf nicht mehr als ein Drittel des Pachtpreises für die größeren Flächen derselben Qualität betragen. Weiter haben die Kommissionen die Maxima des Weidegeldes festzusetzen, sowie die Zahl des Viehes für die Weidefläche zu bestimmen.

Das Gesetz bezweckt weiterhin die Wiederherstellung der Gemeindeweiden, so daß jedes Dorf mit mehr als 25 Familien seine eigene Weide besitzen soll. Die Dorfgemeinden, welche kein Weideland oder nicht genug davon besitzen, haben von dem Großgrundbesitzer Weideland anzukaufen. Die Gemeindeweiden dürfen vom Dorf nicht mehr als 3 km entfernt sein. Sie sollen der Zahl des Viehes entsprechend groß sein, und zwar 1 ha auf vier Stück Großvieh.

Ursprünglich wollte man die Gutsbesitzer über 300 ha verpflichten, ein Achtel der Fläche ihrer Güter den Gemeinden zur Herstellung der Weide zu verkaufen. Weil aber dieser Zwang die Verfassung verletzt hätte, hat man davon Abstand genommen, indem die politischen Parteien die moralische Verpflichtung übernommen haben, die Großgrundbesitzer bis zum 1. März 1908 zu einem solchen Verkauf zu bestimmen. Die Großgrundbesitzer haben aber diese moralische Pflicht nicht erfüllt. Jetzt soll daher die Regierung entschlossen sein, sie dazu zu zwingen. Die Großgrundbesitzer mit Gütern über 150 ha sind gehalten, ein Achtel ihrer Güter den Gemeinden zu verkaufen, wogegen diese verpflichtet sind, in 12 Jahren den Preis zu bezahlen.

Mit Rücksicht auf den dringenden Bedarf des Bauernstandes an Weideland und die Schwierigkeiten, infolge seiner Armut und der Gemengelage der Grundstücke und ihrer geringen Größe zur Wiesenkultur überzugehen, ist die Wiederherstellung der Gemeindeweiden zu billigen. Gewiß werden sich später die Gemeindeweiden als ungenügend erweisen, sie werden die Zerstückelung der Grundstücke und die Schollenkleberei befördern. Um etwaige nachteilige Wirkungen der Wiederherstellung der Gemeindeweiden zu verhüten und um die Bauernschaft dem Übergang zur rationellen Viehzucht, verbunden mit der Kultur von Kudlen-, Hülsen-, Handelspflanzen und Gärtnereien entgegenzutreiben, ist es absolut geboten, günstige Bedingungen für die Viehausfuhr durch Handelsverträge besonders mit Österreich-Ungarn zu erlangen und weiter den Übergang zum Industriestaat zu befördern. Im Interesse der Volkswirtschaft ist es eher einen Zollkrieg mit Österreich-Ungarn als die Fortdauer der bisherigen Verhältnisse und Chikanierungen vorzuziehen. Rumänien hat in einem Zollkrieg mit Österreich-Ungarn nichts zu verlieren. Um den Bauer zur Wiesenkultur anzuleiten, erlaubt das erwähnte Gesetz jedem Bauer, seinen Anteil an Gemeindeweide in Wiesen zu verwandeln, verbietet denjenigen Bauern die Benutzung der

Gemeindeweide, die auf eigenem Boden nicht wenigstens 10 ar mit künstlichen Wiesen bauen wollen und ermäßigt die Grundsteuer auf die Hälfte für diejenigen Flächen, die mit künstlichen Wiesen bebaut sind. Weiter sind die Bauern verpflichtet, auf ihren Schollen auch Gemüse für ihre häuslichen Zwecke zu pflanzen, sonst können sie nicht die Gemeindeweiden benutzen. Die Bauern sind verpflichtet, auf dem Teilbauland die Vertragsbedingungen in Bezug auf die Art der Kultur und das Ackerbausystem bei einer Schadenersatzpflicht und einer Geldstrafe von 10—50 Frcs. zu erfüllen. Ebenso sollen die Großgrundbesitzer den „Regionalkommissionen" ihren Bewirtschaftungsplan für mindestens drei Jahre bekannt machen und diesen Plan zur Ausführung bringen.

Arbeitskräfte können sich die Großgrundbesitzer nur für bares Geld verschaffen. Die „Regionalkommissionen" bestimmen die Minimallöhne und die Quantität der Arbeiten, die in einem Tag von Mann, Frau und Unerwachsenen zu leisten sind, indem sie die Durchschnittspreise des Ortes in den letzten drei Jahren zugrunde legen. Eine geschuldete Arbeit, die bezahlt worden ist, kann im nächsten Jahre ohne Zinsanrechnung verlangt werden. Jeder Bauer, welcher Verträge nach diesem Gesetz schließen will, muß ein jährliches Arbeitsbuch bei sich tragen, wo die Arbeitsreste des vorigen Jahres sowohl als auch die in Teilbau oder in Kleinpacht genommene Fläche und die verdingten Arbeitsdienste, der Ort ihrer Leistung und die entsprechenden Lohnpreise eingetragen werden. Dies Arbeitsbuch wird ihm von seiner Dorfgemeinde eingehändigt. Die Bauern, welche ihre Arbeitskraft übermäßig an mehrere Gutsbesitzer und Pächter und in mehreren Dörfern verdungen haben und deshalb nicht allen ihren Verpflichtungen nachkommen konnten, sind schadenersatzpflichtig. Ebensowenig dürfen bei einer Geldstrafe von 200 – 500 Frcs. die Gutsbesitzer die anders wohin gedungenen Arbeiter an sich locken. Falls die Großgrundbesitzer Arbeiter brauchen, haben sie sich an die „Regionalkommissionen" zu wenden, denen die Gemeindebehörden zweimal im Sommer Listen der Arbeitsuchenden einzureichen haben. Weiter wird bestimmt, wieviel Naturalien der Gutsbesitzer seinen Arbeitern am Tage zu verabreichen hat. Die Teilbau- und Kleinpachtverträge sowie diejenigen über Weideland können auf einen Termin bis zu fünf Jahren geschlossen werden, die Arbeitsverträge dagegen nur für ein Jahr. Diesen Bestimmungen sind nur diejenigen Arbeiter unterworfen, die bis zu 30 Tagen vor der Ausführung der Arbeit Verträge abgeschlossen haben, und nur diese Verträge sind vollziehbar, nicht auch die ausländischer Arbeiter und diejenigen, die zur Zeit der Arbeit sich vereinbart haben. Ausländische Arbeiter werden nur dann zugelassen, wenn irgendwo inländische Arbeiter sich nicht finden. Zur Kontrolle der „Regionalkommissionen“ und zur Überwachung der Ausführung des Gesetzes wird ein hoher Landwirtschaftsrat „consiliul superior al agriculturei“ ins Leben gerufen, und zwar gilt dieser zugleich als höchstes Gericht für Streitigkeiten, die aus diesem Gesetz herrühren.

Der Landarbeiter hat die bezahlte, aber aus seiner Schuld nicht geleistete Arbeit nach Verlangen des Gutsbesitzers im nächsten Jahre zu leisten, die bezahlte aber aus der Schuld des Gutsbesitzers nicht geleistete Arbeit diesem in Geld zurückzuzahlen und die infolge höherer Gewalt nicht geleistete ebenfalls in Geld zurückzuzahlen, wenn er nicht nachweisen kann, daß er auch deswegen Schaden gehabt, indem er aus Rücksicht auf die bevorstehende Arbeit keine Vereinbarung anderswo getroffen hat.

Für die Arbeitsreste braucht der Landarbeiter nicht mehr als 5 % Zinsen zu zahlen. Die Summen, die der Gutsbesitzer dem Landarbeiter für die geleistete Arbeit schuldet, können nicht für Schulden des letzteren an den Gutsbesitzer zurückbehalten werden, und umgekehrt können andere Schulden des Bauern nicht in Arbeitsdienste umgesetzt werden Eine Ausnahme machen in den beiden Fällen nur diejenigen Summen, die zur Anschaffung von Vieh und Geräte geliehen wurden.

Die Vollziehung geschieht fast in der alten Weise wie früher. Diejenigen Dorfvorsteher und ihre Helfer, die mit Absicht das Vollziehungsverfahren nicht einleiten wollen, werden einer Strafe bis zu 2 Monat Gefängnis und der Schadenersatzpflicht unterzogen. Noch schärfer werden diejenigen Gutsbesitzer bestraft, und zwar bis 1000 Frcs., welche ihre Bücher nicht in Ordnung führen und den Arbeitern Quittungen über die geleistete Arbeit verweigern.

Bei dem monopolistischen Charakter des Großgrundbesitzes, bei Mangel anderer Beschäftigung für die große Masse der Parzellenbesitzer als in der Landwirtschaft ist diese weitgehende Intervention dieses Gesetzes notwendig und zu billigen.

Die Erfahrung von einem Jahre hat aber gelehrt, daß die Anwendung des Gesetzes schwer durchzuführen ist, aus welchen Gründen manche Kreise schon seine Abschaffung verlangen. Übrigens sind die Vorbereitungsarbeiten der Regionalkommissionen und des hohen Landwirtschaftsrats noch nicht fertig, und die Verwaltung ist mit alten Übeln behaftet.

Meinem Dafürhalten nach konnte man es aber dadurch durchführbarer und einfacher machen, daß der hohe Landwirtschaftsrat für das ganze Land die Minima der Arbeitslöhne festsetzte. Die Regionalkommissionen sollen dann außerhalb der festgesetzten Minima für das ganze Land, andere Minima für die Arbeitslöhne der verschiedensten Gegenden jedes Distrikts festsetzen.

In zweiter Reihe sollte man, um sowohl die Gutsbesitzer als auch die Bauern nicht vor dem Abschluß von Verträgen nach diesem Gesetze zurückzuschrecken, um den Landarbeitern die Möglichkeit einer Steigerung der Löhne zu eröffnen und um die Ausgleichung der Lohnhöhe für ausgedehnte Gegenden des Landes zu erzielen, das Kündigungsrecht der Verträge freigeben. Das Koalitionsrecht ist den Arbeitern durch die Verfassung gesichert. Man konnte die Erntestreiks verbieten, nicht aber sollte man die Organisation der Landarbeiter hindern.

Für die Sanierung der Dorfverwaltung hat man im Winter des Jahres 1907 ein neues Gesetz gemacht. In jeder Gemeinde ernennt die Regierung einen Sekretär, der die strenge Durchführung der Gesetze zu überwachen hat. Parallel mit dieser Kontrolle der Regierung sollte man auch dem Volke durch die Gewährung des allgemeinen Wahlrechts die Möglichkeit geben, auf die Regierung und Verwaltung eine Kontrolle auszuüben, und sich vor etwaigen Mißgriffen der Regierung gegen die Arbeiterorganisationen hüten zu können. Man sollte weiter die Lage der Arbeiterschaft und der kleinen Leute in den Städten durch gerechte Sozial- und Steuerpolitik verbessern, um ihre Konsumtionsfähigkeit von landwirtschaftlichen Produkten zu vermehren und um eine Abwanderung der Landarbeiter zu befördern, und dadurch eine für die Landarbeiter auf dem Lande günstige Gestaltung des Arbeitsmarktes zu bewirken.

Man sollte zielbewußt danach streben, die Teilbauern und Parzellenpächter später zu Eigentümern auf den von ihnen bewirtschafteten Parzellen zu machen, zuerst die Pachtfrist auf 5 oder 10 Jahre festsetzen und den Pächtern und Teilbauern das Recht einräumen, nach Ablauf dieses Termins die Erneuerung der Verträge zu billigen Bedingungen zu verlangen. Ebenso sollte bestimmt werden, daß die Gutsbesitzer jene von ihren Parzellen nicht mehr versetzen dürfen. Man müßte unbedingt die Gutsbesitzer verpflichten, dem Bauern so viel Land abzutreten, wie bisher. Dies würde auch die Tätigkeit der Agrarbank erleichtern.

Das Gesetz ist geeignet, die Großgrundbesitzer zu zwingen, „die Führung auf dem Gebiete des landwirtschaftlichen Fortschritts zu übernehmen, weil nur diejenigen großen Güter existenzberechtigt sind, und auf die Dauer existenzberechtigt sein werden, die jene Führerrolle sich zu bewahren wissen, also imstande sind, durch eine das bäuerliche Durchschnittsmaß weit überragende Intelligenz in der Betriebsführung die besonderen Vorteile wett zu machen, welche die bäuerliche Arbeitsgemeinschaft bei intensiverer Kultur besitzt[1]."

Unter dem Regime, welches das neue Gesetz eröffnen will, wird es einzelnen Personen nicht mehr möglich sein, so große Flächen zu bewirtschaften. Schon ist ein Gesetz erlassen, wonach eine einzelne Person nicht mehr als zwei Güter, die beide zusammen nicht mehr als 4000 ha betragen, pachten darf. Allerdings tritt dies Gesetz erst 1913 in Kraft.

Weiter hat die Regierung einen Gesetzentwurf zur Schaffung von Arbeitsnachweisbureaus für ländliche Arbeiter und einen andern über die bäuerlichen Pachtgenossenschaften angekündigt, der im Winter des Jahres 1909 zum Gesetz wurde[2]. Die Gewährung von Kredit an Pachtgenossenschaften sollte von der Erfüllung gewisser Bedingungen abhängig gemacht werden, z. B. von der Bedingung, daß kein Genossenschaftler viel mehr Land als ein anderer nehmen dürfe, daß die Genossen Wiesen und Gemüse bauen und einen Verwalter ernennen müssen. Der Staat sollte den Absatzgenossenschaften die Vorteile der Silos von Braila und Galatz bekannt machen, ja, sogar sie durch Preisermäßigungen für die Aufbewahrung ihres Getreides bevorzugen. Ebenso sollten den Bauern die laufenden Marktpreise bekannt gemacht werden.

Mit Bezug auf den bäuerlichen Besitz sind die wichtigsten Aufgaben die Regulierung der Erbfolge und die Abschaffung der Beschränkungen der Veräußerungsfreiheit und des Verbots der hypothekarischen Verschuldung.

Zweifelsohne haben diese Beschränkungen nach der Bauernbefreiung und in der Epoche der Verarmung der Bauern diesen mehr genützt als geschadet. Anderseits haben sie aber die Bewegung „zum besten Wirt" gehindert, den Bauern den Zufluß von Kapitalien erschwert, die Zerstückelung des Besitzes und die Schollenkleberei befördert und nicht am wenigsten zur Entstehung jener schädlichen Anschauungen beigetragen. Das größte Übel besteht jedoch darin, daß diese Mobilisierungsbeschränkungen der Entstehung des Mittelbesitzes im Wege gestanden haben.

Für die Regulierung der Erbfolge hat die Regierung einen Gesetzentwurf angekündigt, ihn aber noch nicht veröffentlicht. Sehr viele machen die Realteilung des ländlichen Besitzes für alle Nöte der Bauern verantwortlich. Das ist aber übertrieben. Durch das Agrargesetz von 1864 wurden jedem Fronbauer im Durchschnitt 4,6 ha zugewiesen, heute hat ein Bauer durchschnittlich nur 3,4 ha. Diese Zahlen sprechen nicht gegen

---

[1] M. Sering, Agrarfrage und Sozialismus in Schmollers Jahrbuch, 1899.

[2] Siehe oben S. 114.

die Realteilung, da sich die Landbevölkerung inzwischen verdoppelt hat und der landwirtschaftliche Fortschritt in 50 Jahren zur Folge haben konnte, daß ein Bauer heute von seinen 3,4 ha eben so viel erntet wie vor 50 Jahren von 4,6 ha; dazu fehlen aber günstige Vorbedingungen wie: Absatz der Produkte (Vieh in Österreich-Ungarn!) Bildung und Kredit. Durch die Schaffung dieser Vorbedingungen würde großenteils das Übel der Realteilung beseitigt worden sein, so daß man nicht mehr an eine Einführung des Anerbenrechts zu denken brauchte, die, wenn auch wünschenswert, vorläufig aber unmöglich ist. Von der Testierfreiheit würden die Bauern keinen Gebrauch machen. Das direkte Anerbenrecht ist unmöglich, weil die Bauern von so ungesunden Anschauungen beherrscht sind, daß sie davon gar nichts wissen wollen.

Ein anderes Hindernis ist die geringe Industrieentwicklung. Das Anerbenrecht besteht nur da, wo das System der geschlossenen Höfe herrscht, und seine guten Folgen machen sich nur bei dem Mittelbesitz geltend. Diese Vorbedingungen fehlen aber in Rumänien gänzlich. Wie kann man all diese kleinen Leute mit Erbabfindungsgeldern belasten, zumal sie jetzt an Bodenkredit noch nicht gewöhnt sind?

In erster Reihe muß man die Bauern durch Zusammenlegung der Grundstücke über die Vorteile der Geschlossenheit belehren; die Agrarbank müßte weiter die mit ihrer Hilfe gekauften Parzellen für ein Achtel oder ein Zehntel der Rente unablösbar machen, sogar die Realteilung der Güter von mehr als 5 ha von ihrer Zustimmung abhängig machen, und das System der geschlossenen Höfe einführen.

Zweitens wird die Organisation des hypothekarischen Kredits den bäuerlichen mittleren Besitz dazu anzuregen haben, dem Boden mehr Kapital zuzuführen, größere und bessere Bauten vorzunehmen und bessere Betriebsmittel anzuschaffen. Das wird gegen die Zerstückelung wirken. Mit Hilfe von Kredit werden die tüchtigen Elemente Land von Zwerggütlern ankaufen und so große landwirtschaftliche Anwesen bilden können.

Drittens muß der Staat danach streben, das kulturelle und moralische Niveau der bäuerlichen Bevölkerung zu heben. Man sollte dem Bauern Wanderlehrer und Schulen zur Verfügung stellen, die ihn die Bodenkultur lehren. Ganz Rumänien, besonders aber das Hügelland könnte in einen Garten verwandelt werden; bei rationeller Kultur könnte dort eine bäuerliche Familie von 1½ ha leben. Aus Unwissenheit können viele Bauern die Vorbedingungen für eine intensivere Kultur nicht ausnutzen. Der auf höherer Bildungsstufe stehende Bauer wird durch die gesteigerten Bedürfnisse zur Steigerung des Ertrags seines Gutes angeregt, kann sich leichter den Verhältnissen anpassen, läßt sich nicht so leicht von anderen ausbeuten, rechnet besser und geht nicht ins Wirtshaus. Jetzt hat die Bauernschaft nach der Erklärung des Kultusministers Haret nur zwei Drittel des nötigen Bedarfs an Schulen und Schulpersonal. Hier gilt es, schnelle Abhilfe zu schaffen. Die Regierung hat einen Gesetzentwurf zur Monopolisierung des Getränkeverkaufs durchgesetzt.

Nach alledem sollte man an die Einführung des Parzellenminimums denken, unter welches die kleinen Grundstücke nicht mehr geteilt werden dürften. Die „Regionalkommissionen" sollten für jede Ortschaft dies Minimum feststellen, wobei man freilich auf eine gewisse Unzufriedenheit der Landbevölkerung gefaßt sein müßte.

Für die Gartenkultur sollte dies Minimum von den „Regionalkommissionen" kleiner als für die Getreidekulturen bestimmt werden, so daß die Bauern zu Gartenkulturen angeregt würden.

Neben diesen wirtschaftlichen Reformen sollte der Staat den Bauern eine humane Verwaltung, eine gleiche Steuerlast und eine weniger kostspielige Rechtssprechung zugänglich machen. Zu letzterem Zweck hat die Regierung bereits ein Gesetz ausgearbeitet, wonach die Kreisrichter bedeutend vermehrt worden sind und in den einzelnen Gemeinden zweimal im Monat Gerichtstag abhalten müssen. Vor allen Dingen sollte der Staat über die strenge Durchführung der Gesetze wachen, und die oberen Schichten der Bevölkerung sollten nicht mehr die Bauernschaft als eine stumpfe Masse betrachten, die lediglich dazu geschaffen ist, gewissen Elementen der Nation als Fußgestell zu dienen; das ist eine Ungerechtigkeit und ein Zeichen niederer Kultur. Die neuen Reformen und Reformvorschläge lassen hoffen, daß die Nation die Gefahr gesehen und in sich die Energie gefunden hat, für Abhilfe zu sorgen.

Piererche Hofbuchdruckerei Stephan Geibel & Co. in Altenburg.

FSC
www.fsc.org
MIX
Papier | Fördert
gute Waldnutzung
FSC® C083411

Kolibri 360 GmbH
Ferdinand-Jühlke-Straße 7
99095 Erfurt, Deutschland
produktsicherheit@kolibri360.de

Druck:
CPI Druckdienstleistungen GmbH
im Auftrag der
Kolibri 360 GmbH
Ferdinand-Jühlke-Str. 7
99095 Erfurt